I0562392

ENSEIGNEMENT SECONDAIRE CLASSIQUE

PLAN D'ÉTUDES ET PROGRAMMES.

CLASSES DE LETTRES.

PLAN D'ÉTUDES

ET

PROGRAMMES

DE L'ENSEIGNEMENT SECONDAIRE CLASSIQUE

DANS LES LYCÉES ET COLLÉGES

(CLASSES DE LETTRES)

Prescrits par Arrêté du 2 août 1880.

NOUVELLE ÉDITION.

PARIS

IMPRIMERIE ET LIBRAIRIE CLASSIQUES

MAISON JULES DELALAIN ET FILS

DELALAIN FRÈRES, Successeurs

56, RUE DES ÉCOLES.

1880.

Toutes nos éditions sont revêtues de notre griffe.

Novembre 1880.

Circulaire du ministre de l'instruction publique aux recteurs, relative à l'application du nouveau plan d'études du 2 août 1880 et aux mesures transitoires pour la répartition et la distribution de l'enseignement (25 septembre 1880).

Monsieur le recteur, MM. les proviseurs des lycées doivent préparer et soumettre à votre approbation, dans la première quinzaine d'octobre, le tableau de répartition du service entre les différents professeurs. Mais, pour procéder utilement à ce travail, il est indispensable qu'ils soient exactement renseignés sur les mesures transitoires que rendra nécessaires, cette année, l'application du nouveau plan d'études. Je vous prie, en conséquence, de leur transmettre les instructions suivantes :

S'il est de la plus grande importance que la réforme de l'enseignement classique jugée nécessaire par le Conseil supérieur soit mise en pratique sans plus tarder, c'est cependant sous la réserve qu'elle ne portera aucun préjudice aux élèves en cours d'études. Il ne peut être question notamment d'interrompre l'étude du latin ou du grec pour ceux qui l'ont commencée : il y a là comme un droit acquis, et que nous devons respecter. Rien ne sera actuellement innové, sous ce rapport, dans les classes de septième et de sixième pour le latin, dans celles de cinquième et de quatrième pour le grec. Ainsi, aucun enfant étranger aux études latines ne pourra être admis, cette année, en septième ni en sixième, et il faudra posséder les premiers éléments de la grammaire grecque pour suivre le cours de cinquième. Dans ces conditions, les auteurs latins et grecs inscrits au nouveau plan d'études pour ces mêmes classes ne répondraient point aux besoins de l'enseignement : vous devrez y substituer ceux de l'ancien programme.

En neuvième et en huitième, le plan d'études sera appliqué dès cette année, sans aucune restriction. Le Conseil

supérieur a décidé que pour ces deux classes, comme pour
la septième, il y avait avantage à laisser les diverses parties
de l'enseignement dans les mains d'un seul professeur ; il
en résultera sans doute quelque hésitation et quelque trouble
au début ; mais l'expérience viendra peu à peu ; les encou-
ragements et les secours ne manqueront pas aux maîtres qui
voudront se dévouer à leur nouvelle tâche. A Paris, des
conférences ont déjà été faites, avant les vacances, par des
professeurs spéciaux, sur l'application des nouvelles méthodes ; tous les maîtres élémentaires les ont suivies avec
intérêt et avec fruit. Un recueil périodique a réuni ces
leçons et continuera à publier celles qui pourront être faites
à l'avenir sur les mêmes sujets. J'en fais adresser un exem-
plaire à chacun des établissements d'enseignement secondaire. Les maîtres élémentaires y trouveront des exemples,
une direction et une méthode.

Il serait bon qu'au début de l'année scolaire des conférences semblables fussent instituées par MM. les proviseurs
partout où ce sera possible : on épargnerait par là aux
maîtres élémentaires beaucoup d'incertitudes et de tâtonne-
ments. J'aurai soin, d'un autre côté, d'adresser à MM. les
proviseurs, pour l'usage des maîtres, les ouvrages scientifiques qui m'auront été signalés comme le mieux appropriés aux besoins du nouvel enseignement.

Les langues vivantes et le dessin seront enseignés dans
les classes élémentaires par des professeurs spéciaux. Là
où le personnel spécial fera défaut, on ajournera, en ces
deux points, l'application complète du plan d'études, plutôt
que de compromettre le succès de la réforme, en impo-
sant aux professeurs ordinaires un enseignement pour lequel
ils ne sont pas suffisamment préparés.

Je désire enfin, d'accord en cela avec le Conseil supérieur, que le système des classes de trois heures, coupées
par une récréation d'une demi-heure, soit mis à l'essai dans
la division élémentaire, partout où ce sera possible. Les
jeunes enfants apprennent surtout avec leur maître ; ils le
comprennent et recherchent sa présence. Il y a tout avantage à réduire pour eux le temps de l'étude, c'est-à-dire
la durée du travail individuel, trop souvent improductif
dans le premier âge.

La continuation des études latines, en septième, pendant la prochaine année scolaire, a pour conséquence une nouvelle répartition du temps assigné à chaque ordre d'enseignement. Sur les dix heures assignées à la langue française, quatre heures devront être réservées au latin.

Le programme d'histoire ne comprend l'histoire de France que depuis l'avènement de Henri IV. Mais comme cet enseignement s'adresse à des enfants qui n'ont point étudié, en huitième, la période antérieure, le cours devra embrasser l'histoire sommaire de la France. On y consacrera trois heures par semaine, en attribuant seulement une heure à la géographie. Le programme des sciences naturelles sera modifié dans le même sens. Les éléments d'histoire naturelle des animaux et des végétaux s'ajouteront à l'histoire des terrains et des pierres, et même auront la priorité comme présentant plus d'intérêt pour les enfants et une plus grande utilité pratique.

Pour les classes de grammaire, le Conseil supérieur a pensé que l'enseignement des mathématiques, de l'histoire et des sciences naturelles devait être confié à des professeurs spéciaux, dès que les ressources du budget et le personnel disponible permettront cette réforme. L'histoire a été en quelque sorte rajeunie et renouvelée depuis quarante ans par la critique moderne ; les sciences reçoivent chaque jour de nouveaux développements, et, comme il faut savoir beaucoup pour enseigner peu, on ne saurait raisonnablement exiger que les professeurs de grammaire, préoccupés de tout autres études, se tiennent au courant de ces progrès incessants.

Le vœu du Conseil est dès à présent réalisé pour les lycées de Paris : le personnel enseignant est nommé. J'ai lieu d'espérer que les lycées de première catégorie dans les départements, ceux qui présentent l'effectif d'élèves le plus nombreux, seront également pourvus dans quelques jours. Dans les autres établissements, le professeur ordinaire continuera à être chargé provisoirement des enseignements spéciaux, à moins qu'il ne vous soit possible de recourir aux professeurs de sciences et d'histoire des classes supérieures, en leur attribuant des indemnités pour les heures supplémentaires.

Le grec n'est plus enseigné en sixième, à partir de cette

année. Le plan d'études pourrait donc à la rigueur être appliqué sans aucune réserve ; mais comme les élèves qui vont suivre cette classe n'ont reçu les années précédentes aucune notion d'histoire naturelle, il est nécessaire de combler, au moins en partie, cette lacune. Une heure sera donc prélevée sur les dix heures affectées au latin, et reportée sur les sciences, qui comporteront un enseignement de quatre heures par semaine.

Il en est de même en cinquième. Les élèves qui vont suivre cette classe ont déjà étudié le latin pendant trois ans et sont restés absolument étrangers aux sciences naturelles. On peut dès lors réduire à cinq heures le temps attribué au latin et ajouter une heure à l'étude des sciences. Comme, d'un autre côté, le grec continuera à être enseigné en cinquième, le temps sera réparti de la manière suivante :

Latin, cinq heures par semaine ;
Grec, quatre heures par semaine ;
Sciences, cinq heures par semaine.

Le programme de cette même classe de cinquième, dans le nouveau plan d'études, comprend, pour la géographie, précisément les matières que les élèves ont étudiées, l'année dernière, en sixième (Afrique, Amérique, Océanie, Asie). Pour ne pas faire double emploi et compléter les études géographiques de ces élèves, on devra substituer à ce programme celui de sixième (géographie de l'Europe et du bassin de la Méditerranée).

En quatrième, une heure sera prélevée sur l'enseignement du grec, qui compte déjà deux années d'étude, et attribuée aux sciences naturelles. Le temps se trouvera ainsi réparti entre les divers exercices :

Latin, six heures par semaine ;
Grec, cinq heures par semaine ;
Sciences, quatre heures par semaine ;
Histoire et géographie, deux heures par semaine ;
Langues vivantes, deux heures par semaine ;
Dessin, deux heures par semaine.

Par suite de ces modifications, les professeurs de grammaire n'auront à fournir, cette année, que douze, treize et quatorze heures de classe par semaine. Tout en désirant alléger pour eux le fardeau, je ne saurais leur faire, à côté de leurs collègues, moins favorisés, une situation exceptionnelle. J'ai donc décidé que l'administration pourra réclamer d'eux un maximum de quinze heures par semaine, dans les lycées où ils sont exonérés des enseignements accessoires, mais sous la réserve expresse qu'ils consacreront les heures supplémentaires à leurs propres élèves et aux parties les plus importantes du programme de la classe, et tout particulièrement à la langue française.

Les programmes des classes supérieures n'ont à subir que de très légères modifications pour être appropriés aux besoins des élèves et mis en concordance avec leurs études antérieures. Ceux d'histoire et de géographie diffèrent assez peu, du moins quant aux matières qu'ils comprennent, de ceux de l'ancien plan d'études, pour qu'il soit inutile d'y apporter aucun changement. Les auteurs indiqués pour le français, le latin et le grec, ainsi que pour les langues vivantes, peuvent être suivis sans graves inconvénients, même lorsqu'ils paraîtront un peu trop faciles pour des élèves qui n'en sont plus à leurs débuts dans l'étude des langues. Les professeurs, auxquels j'entends laisser toute la liberté compatible avec la bonne direction de l'enseignement, pourront d'ailleurs aller en avant et choisir dans le programme des années suivantes tel auteur qui ne leur paraîtra point dépasser le niveau de la classe.

L'enseignement des sciences devra être complété dans chacune des classes de troisième, de seconde et de rhétorique, mais sans empiéter sur les autres cours. Une heure, prise sur les heures d'étude, sera consacrée en troisième à l'histoire naturelle, que les élèves n'ont pas eu occasion d'étudier précédemment. Une heure, également prise sur l'étude, sera attribuée en seconde à la physique, qui devra réunir en une seule année les deux programmes de seconde et de troisième. En rhétorique, il est indispensable d'embrasser sommairement tout le programme de physique, qui n'a pas encore été abordé par les élèves entrant dans cette classe. Une heure de conférence, prise sur l'étude, sera consacrée à cet enseignement.

En philosophie, le nouveau plan d'études sera suivi dans toutes ses parties. Des mesures transitoires ont été adoptées pour que les exigences du baccalauréat soient subordonnées à l'adoption complète du nouveau plan d'études, tant en philosophie qu'en rhétorique.

Tels sont, monsieur le recteur, les principaux points sur lesquels vous aurez à appeler tout particulièrement l'attention de MM. les proviseurs. Si quelque difficulté imprévue vient à surgir dans l'application, vous aurez à m'en référer immédiatement.

Recevez, etc.

Paris, le 25 septembre 1880.

Le président du conseil, ministre de l'instruction publique et des beaux-arts,

JULES FERRY.

Circulaire du ministre de l'instruction publique aux recteurs, relative aux examens de passage (28 septembre 1880).

Monsieur le recteur, les règlements universitaires sur les examens dits *de passage*, sans être complètement tombés en désuétude, ont été, depuis quelques années, appliqués avec une mollesse regrettable. Les professeurs se plaignent généralement d'avoir à subir des élèves mal préparés, hors d'état de suivre avec fruit les exercices de la classe, et qui sont un embarras pour le maître, un mauvais exemple pour leurs camarades. Trop souvent les familles, considérant comme une sorte de déchéance le refus d'admission dans le cours supérieur, assiègent l'administration de leurs doléances pour obtenir que ce chagrin leur soit épargné. Elles oublient trop, ce semble, qu'elles courent au-devant d'un mal beaucoup plus grand et plus réel, dont les conséquences, pour être lentes à se manifester, n'en seront pas moins désastreuses : en obligeant l'élève à suivre des leçons auxquelles il n'est préparé ni par son instruction première, ni par le développement de son intelligence, on le condamne presque fatalement à se dégoûter de l'étude, à tout prendre avec nonchalance, à contracter ainsi, dans les années décisives où se forment les caractères, des habitudes d'indifférence, qu'il portera plus tard dans l'accomplissement des devoirs de la vie active.

Au moment où de sérieux efforts sont tentés pour coordonner et restaurer l'enseignement classique, il est plus nécessaire que jamais que les familles soient exactement renseignées par les autorités scolaires sur les véritables intérêts de leurs enfants. Quand elles seront bien convaincues que les diplômes, objet trop exclusif de leur ambition, ne sont plus conquis par accident, à la suite d'une préparation hâtive et énervante, mais qu'ils sont la constatation officielle d'études régulières et complètes, elles auront moins de hâte d'en finir avec ces études. MM. les proviseurs pourront, grâce à leurs rapports fréquents avec les parents, dissiper bien des illusions et faire comprendre autour d'eux que rien ne sert d'avoir figuré dix ans sur les contrôles d'un lycée, si l'on ne s'est pas assimilé, par le travail de chaque jour, la substance même de l'enseignement.

En même temps, ils entreront résolument dans les vues du conseil supérieur en donnant plus de portée et d'efficacité aux examens de passage, qui sont maintenus au début de chaque année du cours classique, sans préjudice des examens spéciaux qui seront institués à la sortie des classes élémentaires et après les trois années de grammaire, lorsque le nouveau programme sera entièrement appliqué. Vous aurez donc à donner des instructions pour que les examens de passage aient lieu dans la semaine qui suivra la rentrée. Tous les élèves y seront soumis. Chacun des professeurs attaché à la classe pour laquelle l'élève est présenté donnera une note spéciale et indépendante. Le proviseur décidera de l'admission ou du rejet d'après l'ensemble des notes. Il devra apporter dans ce travail de contrôle et de classement beaucoup de fermeté, mais aussi les tempéraments et la prudence sans lesquels aucune réforme ne saurait réussir, surtout lorsqu'il s'agit de détruire des abus invétérés. Toutes les fois qu'un élève sera signalé comme pouvant, à l'aide d'un travail sérieux, réparer le temps perdu et se mettre au niveau de la classe, il pourra être admis à titre provisoire, et à condition de subir ultérieurement un nouvel examen. Quand, au contraire, pour l'ensemble des cours, ou même pour un seul enseignement essentiel, l'enfant sera jugé incapable de suivre utilement la classe à laquelle il avait été destiné, la famille sera prévenue; le proviseur lui fera savoir si l'enfant a chance de réussir dans une classe inférieure, ou si ses aptitudes réclament un enseignement d'une autre nature. Sous aucun prétexte, le proviseur ne devra consentir à placer l'élève dans un cours dont il ne tirerait aucun profit, et où il ne pourrait qu'entraver la marche régulière de l'enseignement. En cas de réclamation, le proviseur vous en référera.

MM. les principaux des collèges communaux, qui ont joui jusqu'ici d'une très grande latitude pour le classement de leurs élèves, comprendront, j'en suis persuadé, que l'intérêt et l'honneur des maisons qu'ils dirigent leur imposent de surveiller avec un soin scrupuleux la composition des diverses classes, et de n'y introduire que des éléments homogènes.

La présente circulaire sera communiquée à tous les chefs des établissements publics d'enseignement secondaire, et l'on devra vous faire connaître, dans la seconde quinzaine du mois d'octobre, les mesures qui auront été prises pour s'y conformer. Un rapport d'ensemble, contenant vos appréciations personnelles, me sera adressé en novembre.

Recevez, etc.

Paris, le 28 septembre 1880.

Le président du conseil, ministre de l'instruction publique et des beaux-arts.

JULES FERRY.

PÉRIODE TRANSITOIRE

ANNÉE SCOLAIRE 1880-1881.

(Circulaire du 25 septembre 1880.)

DIVISION ELEMENTAIRE.

Classe Préparatoire.

Plan d'études du 2 août 1880, pages 7 à 12.

Classe de Huitième.

Plan d'études du 2 août 1880, pages 12 à 20.

Classe de Septième.

Langue française, 6 heures de classe par semaine ; — Langue latine, 4 heures ; — Langues vivantes, 4 heures ; — Histoire, 3 heures ; — Géographie, 1 heure ; — Sciences, 4 heures ; — Dessin, 2 heures.

Langue française : Plan d'études du 2 août 1880, page 20.

Langue latine : Grammaire latine : revision des éléments ; syntaxe. — Explication d'auteurs latins : *Epitome historiæ sacræ ; De viris illustribus Romæ ; Appendix de diis et heroibus poeticis.* — Thème latin. Version latine.

Langues vivantes : Plan d'études du 2 août 1880, page 21.

Histoire : Histoire sommaire de la France : récits simples, courts exposés lus par le maître et répétés par l'élève de vive voix ou par écrit.

Géographie : Plan d'études du 2 août 1880, page 23.

Sciences : Plan d'études du 2 août 1880, pages 24 à 26, en ajoutant les Éléments d'histoire naturelle des animaux et des végétaux. (Programme de la classe de Huitième dans le plan d'études du 2 août 1880, page 17.)

Dessin : Programme de la Classe préparatoire, page 12.

DIVISION DE GRAMMAIRE.

Classe de Sixième.

Langue française, 3 heures par semaine; — Langue latine, 9 heures; — Langues vivantes, 3 heures; — Histoire, 2 heures; — Géographie, 1 heure; — Sciences, 4 heures; — Dessin, 2 heures (en dehors des 22 heures réglementaires).

Plan d'études du 2 août 1880, pages 27 et suiv., sauf deux modifications partielles, relatives à la Langue latine et aux Sciences.

Langue latine. Grammaire latine : revision des éléments; syntaxe, sauf les parties les plus difficiles. — Récitation et explication d'auteurs latins : *Maximes tirées de l'Écriture sainte,* par Rollin (texte latin); *Selectæ e profanis scriptoribus historiæ; Phèdre,* fables.

Sciences. Plan d'études du 2 août 1880, page 31. — L'heure de classe, prélevée sur les dix heures affectées au latin, est reportée sur les sciences ; car, les élèves qui vont suivre la classe de Sixième n'ayant reçu, les années précédentes, aucune notion d'histoire naturelle, il est nécessaire de combler, au moins en partie, cette lacune. (Consulter les programmes des sciences naturelles des classes de Huitième et de Septième dans le Plan d'études du 2 août 1880, pages 17 et 24.)

Classe de Cinquième.

Langue française, 3 heures de classe par semaine; — Langue latine, 5 heures; — Langue grecque, 4 heures ; — Langues vivantes, 3 heures, dont 1 heure prise sur l'étude; — Histoire, 2 heures; — Géographie, 1 heure; — Sciences, 5 heures; — Dessin, 2 heures (en dehors des 22 heures réglementaires).

Langue française. Plan d'études du 2 août 1880, page 34.

Langue latine. Pour l'explication et la récitation des auteurs : *Selectæ e profanis scriptoribus historiæ; Justin; Cornelius Nepos ; Ovide,* Métamorphoses. — Pour la grammaire et les exercices, plan d'études du 2 août 1880, page 35.

Langue grecque. Grammaire grecque : déclinaisons et conjugaisons; premières règles de syntaxe. — Explication d'auteurs grecs : *Élien,* Extraits; *Lucien,* Dialogues des morts; *Xénophon,* Cyropédie. — Exercices sur la grammaire grecque. Version grecque.

Langues vivantes. Plan d'études du 2 août 1880, page 36.

Histoire. Plan d'études du 2 août 1880, page 38.

Géographie. Géographie générale de l'Europe et du bassin de la Méditerranée (Programme de la classe de Sixième dans le plan d'études du 2 août 1880, page 31).

Sciences. Plan d'études du 2 août 1880, pages 39 à 43. — L'heure ajoutée à l'enseignement des sciences sera consacrée aux sciences naturelles auxquelles les élèves sont restés jusqu'alors absolument étrangers (Programme de zoologie, page 40 ; consulter en outre les programmes de Huitième (Éléments d'histoire naturelle des végétaux), et de Septième (Éléments d'histoire naturelle des terrains et des pierres), dans le plan d'études du 2 août 1880, pages 17 et 21.

Dessin : Programme de la classe de Sixième, page 33.

Classe de Quatrième.

Langue française, 3 heures de classe par semaine ; — Langue latine, 8 heures ; — Langue grecque, 5 heures ; — Langues vivantes, 2 heures ; — Histoire et Géographie, 2 heures ; — Sciences, 4 heures ; — Dessin, 2 heures (en dehors des 22 heures réglementaires).

Langue française : Plan d'études du 2 août 1880, page 44.

Langue latine : Pour l'explication et la récitation des auteurs latins : *Cicéron :* choix de lettres familières ; *César*, de Bello gallico ; *Quinte-Curce* ; *Ovide*, Métamorphoses ; *Virgile*, Énéide, livres I et II. — Pour la grammaire et les exercices, plan d'études du 2 août 1880, page 45.

Langue grecque : Grammaire grecque : revision et continuation. — Explication d'auteurs grecs : Évangile selon saint-Luc (texte grec) ; *Xénophon* ; *Plutarque*, une des Vies des hommes illustres ; *Hérodote*, morceaux choisis. — Exercices sur la grammaire grecque. Version grecque.

Langues vivantes : Plan d'études du 2 août 1880, p. 47.

Histoire et Géographie : Plan d'études du 2 août 1880, pages 48 et 50.

Sciences : Plan d'études du 2 août 1880, pages 50 à 57. — L'heure ajoutée à l'enseignement des sciences est attribuée aux sciences naturelles, afin que les élèves puissent, en dehors du programme spécial de la classe, recevoir des notions de zoologie (Programme de la classe de Cinquième dans le plan d'études du 2 août 1880, page 40).

Dessin : Programme, page 57.

DIVISION SUPÉRIEURE.

« Les programmes des classes supérieures n'ont à subir que de très légères modifications pour être appropriés aux besoins des élèves et mis en concordance avec leurs études antérieures. Ceux d'histoire et de géographie diffèrent assez peu, du moins quant aux matières qu'ils comprennent, de ceux de l'ancien plan d'études, pour qu'il soit inutile d'y apporter aucun changement. Les auteurs indiqués pour le français, le latin et le grec, ainsi que pour les langues vivantes, peuvent être suivis sans graves inconvénients, même lorsqu'ils paraîtront un peu trop faciles pour des élèves qui n'en sont plus à leurs débuts dans l'étude des langues. Les professeurs, auxquels j'entends laisser toute la liberté compatible avec la bonne direction de l'enseignement, pourront d'ailleurs aller en avant et choisir dans le programme des années suivantes tel auteur qui ne leur paraîtra point dépasser le niveau de la classe. » *Circulaire du 25 septembre 1880.*

Toutefois dans chacune des classes de Troisième, Seconde et Rhétorique, une heure, *prise sur l'étude*, sera consacrée à compléter l'enseignement des sciences. Elle est attribuée :

En **Troisième**, à *l'histoire naturelle*, que les élèves n'ont pas eu occasion d'étudier précédemment (Programmes des classes de Cinquième et de Quatrième dans le plan d'études de 1880, pages 40-43 et 51-57) ;

En **Seconde**, à la *physique*, qui réunira en une seule année les programmes de Troisième et de Seconde (Plan d'études du 2 août 1880, pages 64 et 72) ;

En **Rhétorique**, à la *physique*, dont il est indispensable d'embrasser sommairement tout le programme (Programmes des classes de Troisième, Seconde et Rhétorique dans le plan d'études du 2 août 1880, pages 64, 72 et 81).

« En **Philosophie**, le nouveau plan d'études du 2 août 1880 sera suivi dans toutes ses parties. »

NOTE

Le Conseil supérieur de l'instruction publique, après avoir arrêté le plan d'études, s'est attaché à poser les principes des nouvelles méthodes qui devront être désormais appliquées. Il a résumé ces principes dans les articles suivants :

1° Dans tout le cours des études et dès les premières classes, l'enseignement aura pour objet de développer le jugement de l'enfant en même temps que sa mémoire et de l'exercer à exprimer sa pensée.

2° L'étude de la grammaire ne saurait être abandonnée ni à la diversité des méthodes ni à celle des livres. Il sera nécessaire que l'élève ait entre les mains, pour chaque période et pour chaque langue, une grammaire proportionnée à son âge et à ses connaissances.

3° Pendant la période des classes élémentaires, l'étude des règles sera réduite à la partie indispensable, en vertu de ce principe qu'il faut apprendre la grammaire par la langue et non la langue par la grammaire. On ira des textes aux règles, de l'exemple à la formule, du concret à l'abstrait.

4° Pour la même raison, on mettra fin à l'abus des analyses grammaticales écrites, et, en général, à l'abus de tous les devoirs écrits qui peuvent, avec plus d'avantage, être remplacés par les exercices oraux ou au tableau, les interrogations, les lectures expliquées

1.

et commentées. On s'attachera, dans l'analyse logique, à distinguer surtout le sujet, le verbe et l'attribut, et à signaler les propositions principales et les propositions incidentes.

5° L'étude de la langue française, durant la première période triennale, sera rattachée aux diverses connaissances élémentaires qui y prennent place, et s'en inspirera dans les divers exercices de la classe. En outre, des exercices variés, écrits et oraux, sur la valeur et l'acception des mots, sur la propriété des termes, sur les tours et les mouvements de phrases, et sur les premiers éléments de l'art d'écrire, avec une part déjà faite à l'invention dans ce qu'elle a de plus simple, permettront d'aborder en sixième le latin dans des conditions plus favorables pour l'intelligence et la traduction des textes.

6° La grammaire latine employée dans les classes de la seconde période devra être également très simple. Elle ne saurait être plus longtemps un recueil de recettes, réunies en vue du thème et propres surtout à faire passer une idée ou une tournure du français en latin ; elle devra présenter, autant que possible, la raison des règles. Pour le latin, et plus tard pour le grec, comme précédemment pour le français, on fera sortir successivement les règles des textes classiques, au lieu d'aborder ces textes après avoir presque épuisé le formulaire des règles abstraites. Le but principal est la version ; le thème doit être surtout considéré comme un moyen de vérification.

7° Le thème oral fait en classe, sous la direction et avec la participation du maître, devra donc, dans toute la série des études, être associé au thème écrit,

1.

fait par l'élève, isolément et à tête reposée. Tout ce qui contribuera à accroître la somme du travail fait en commun, dans la classe même, avec l'active et incessante collaboration du maître, sera considéré comme un avantage et un progrès ; cette observation s'applique particulièrement aux jeunes enfants. Les élèves, à mesure qu'ils avancent en âge, ont moins besoin d'être guidés pas à pas et soutenus. Il convient de les habituer de plus en plus à faire des efforts personnels.

Le professeur pourra aussi lire lentement un texte français, soigneusement préparé, dont les élèves feront, au fur et à mesure, la traduction écrite en latin.

8° La composition latine devant être considérée surtout comme un moyen de constater les résultats acquis et comme un instrument pour les affermir, le thème latin et la composition latine seront ramenés à leur véritable usage. L'explication approfondie des textes prendra désormais la plus grande place dans les études littéraires ; c'est par eux que l'on pénétrera directement dans le génie des langues et des civilisations anciennes. Mais, une fois que l'on possédera suffisamment l'intelligence de la langue latine, il paraît utile que l'élève traduise quelquefois ses idées en latin. En conséquence, les narrations latines de la classe de seconde et les discours latins de la classe de rhétorique seront remplacés par des compositions latines plus courtes, sur des sujets plus variés, à des intervalles moins rapprochés.

Les compositions françaises, distribuées et graduées dans les diverses classes, ne seront plus uniquement des narrations, des discours ou des lettres. Tous les sujets propres à entretenir l'habitude de la réflexion, à former le goût, à fortifier le jugement, seront utilement employés aux exercices de la classe. Ils seront surtout littéraires en rhétorique. On évitera l'abus des matières qui favorisent trop les amplifications stériles, et on habituera l'élève à trouver les principales idées de ses compositions.

9° Le mot à mot écrit, dont on abuse pour les textes latins ou grecs, ne devra être exigé, même dans la division de grammaire, que par exception, et pour un petit nombre de passages. Il ne saurait dégénérer en une altération habituelle des règles et des usages de la langue française et tourner à l'incorrection systématique. Les textes devront d'ailleurs être toujours rendus en français par les élèves, ou par le professeur, à la fin de chaque explication d'une certaine étendue.

10° Il conviendra de restreindre sensiblement l'usage des dictionnaires beaucoup trop détaillés et trop complets, et qui dispensent les élèves de bien des efforts. Il est constant qu'ils ne peuvent actuellement s'en passer dans aucune classe, qu'ils y trouvent la solution de presque toutes les difficultés et la traduction même de beaucoup de passages. L'usage de thèmes oraux sans dictionnaire sera déjà un avantage. On pourra, en outre, dans la classe de seconde et surtout dans celle de rhétorique, introduire avec profit la pratique des compositions de version latine ou grecque sans dictionnaire, en choisissant des morceaux qui n'offrent pour le sens des mots aucune difficulté ni surprise, ou pour lesquels les maîtres se contenteront de quelques indications verbales. En tout cas, des lexiques devront suffire. L'usage de bonnes traductions françaises sera admis pour l'étude des textes.

11° L'exercice du vers latin, tel qu'il a été pratiqué jusqu'ici, est supprimé. On y substituera l'étude plus complète de la métrique, et, en troisième, des exercices oraux ou écrits de métrique, en classe ou comme devoirs. La métrique et la versification françaises seront désormais l'objet d'une étude moins superficielle.

L'exercice facultatif du vers latin pourra être conservé pour quelques élèves d'élite. Mais, cette réserve faite, le Conseil admet que les avantages attribués à la pratique du vers latin en vue de développer le sentiment poétique et d'affermir le goût, peuvent être obtenus, d'une part, par l'étude même des textes en prose et en vers, dans les trois langues, et d'autre part, par l'ensemble des exercices et des compositions littéraires en français ou en latin depuis les classes élémentaires. Il a paru que, dans les conditions présentes, la lecture des poètes latins avait plus souvent servi à la versification latine que la versification latine à la lecture des poètes.

12° L'enseignement de l'histoire a donné lieu à un certain nombre d'observations. On a été d'accord pour admettre qu'il devait tendre, surtout dans les hautes classes, à développer la connaissance des institutions, des mœurs et des usages, en faisant pour les menus événements et le détail des faits de guerre quelques sacrifices inévitables. L'histoire de France, en particulier, devra mettre en lumière le développement général des institutions d'où est sortie la société moderne; elle devra inspirer le respect et l'attachement pour les principes sur lesquels cette société est fondée.

13° Les rédactions devront être réduites en étendue. Les développements oraux et les interrogations occuperont la plus grande place dans l'enseignement de toutes les classes. Les élèves pourront même être exercés, en classe, à la discussion des faits historiques qui peuvent être controversés ou appréciés diversement. Cette espèce d'argumentation historique et morale sera bien placée dans les hautes classes, pour compléter l'apprentissage des esprits.

14° Le Conseil a reconnu que la plupart des modifications qu'il s'agit d'introduire dans l'enseignement exigeront une participation plus directe des élèves et une intervention plus fréquente des professeurs dans les exercices de la classe; que, dans ces conditions, les classes des lycées les plus peuplés réclameront des subdivisions plus nombreuses. Il a exprimé le désir que les divisions n'eussent jamais qu'un nombre d'élèves assez restreint pour permettre aux réformes de porter tous leurs fruits.

15° Le Conseil exprime le vœu que l'enseignement de l'histoire et l'enseignement des sciences soient donnés, dès la sixième, par des professeurs spéciaux, aussitôt que l'administration disposera d'un personnel assez nombreux et de ressources suffisantes.

NOUVEAU PLAN D'ÉTUDES

ET PROGRAMMES

DE L'ENSEIGNEMENT SECONDAIRE CLASSIQUE

Prescrits par arrêté du 2 août 1880.

(CLASSES DE LETTRES.)

DIVISION ÉLÉMENTAIRE[1].

(Dans les trois classes de la division élémentaire, calcul et enseignement par l'aspect. — Excursions instructives.)

CLASSE PRÉPARATOIRE.

Langue française, 10 heures de classe par semaine; — Langues vivantes (allemand ou anglais), 4 heures; — Histoire, 2 heures; — Géographie, 2 heures; — Sciences, 4 heures; — Dessin, 2 heures.

Langue française.

(10 heures.)

Lecture, Écriture, Récitation française : explication du sens précis de chaque mot, de chaque phrase et de chaque alinéa.

Grammaire française : explication des règles les plus élémentaires.

Exercices oraux et écrits de langue et d'orthographe françaises.

1. Le nombre des heures réglementaires de classe indiqué pour la Division élémentaire est supérieur à celui qui a été fixé pour les deux autres Divisions. Le Conseil a pensé qu'il importait que les jeunes enfants fussent, dans les premières classes, le plus de temps possible en contact avec leurs professeurs.

Les élèves seront exercés à compléter et à composer des phrases françaises.

Livre de lecture, lu et commenté en classe.

Programme d'enseignement de la Langue française.

[Ce programme doit être considéré comme un sommaire des notions que l'élève devra posséder à la fin de l'année. Il est entendu que les règles seront surtout enseignées par l'usage. Le professeur ne manquera aucune occasion de faire constater aux enfants qu'ils sont déjà en possession des différentes sortes de mots, et qu'ils appliquent instinctivement les règles de la grammaire. Il rattachera donc constamment son enseignement aux exemples fournis par le langage parlé ou écrit.]

Lecture. — Écriture.

Les différentes parties du discours. Le genre. Le nombre. Exercices de conjugaison.

Exercices sur le vocabulaire. — Substantifs tirés d'adjectifs, substantifs tirés de verbes, etc[1].

Chaque exercice sur la grammaire est pratiqué en classe durant quelque temps, oralement et par écrit, avant qu'un exercice du même genre soit exigé comme travail à faire aux heures d'étude.

Langues vivantes (allemand ou anglais).

(4 heures.)

Livre de lectures enfantines.

Programme.

Exercices de langue usuelle à propos de lectures faites en classe, et comme explication de tableaux figurés.

Quelques paradigmes de grammaire très faciles.

Histoire.

(2 heures.)

Biographie des hommes célèbres des temps anciens et modernes.

1. Voir la note 1 de la page 13.

Petits récits faits par le maître et répétés de vive voix par l'élève.

Programme d'Histoire.

Biographies d'hommes illustres des temps anciens et modernes.

Pour répondre au programme, le professeur choisira dans les temps anciens et modernes :

Soit des hommes d'État, législateurs, fondateurs d'empire, tels que : Solon, Périclès, Auguste, Constantin, Charlemagne, Mahomet, Pierre le Grand, Washington;

Soit des hommes de guerre, tels que : Alexandre, Annibal, César, Condé, Turenne, Napoléon Ier;

Soit des orateurs ou des écrivains, tels que : Démosthène, Cicéron, Virgile, Dante, Shakspeare, Corneille, Voltaire, Mirabeau;

Soit des artistes, tels que : Raphaël, Michel-Ange, Nicolas Poussin;

Soit des explorateurs, tels que : Christophe Colomb, Vasco de Gama, Cook, La Pérouse, Livingstone;

Soit des inventeurs ou des savants, tels que : Gutenberg, Bernard Palissy, Galilée, Papin, Watt, Franklin, Lavoisier, Ampère, Cuvier, Arago.

Le professeur reste d'ailleurs maître de la disposition et du choix de ses sujets. Il agit d'après son expérience et d'après la nature d'esprit des élèves auxquels il s'adresse. On a voulu seulement montrer, par les indications ci-dessus, les principes qui semblent le mieux correspondre aux conditions d'un enseignement qui doit rester élémentaire et facilement accessible.

On a pensé qu'il était bon de supprimer les biographies où la légende tient une place prépondérante. Il faut sans doute que le détail anecdotique et vivant domine, mais à condition qu'il offre les caractères de la vérité historique.

C'est en vertu de ces considérations qu'on n'a pas indiqué de biographies pour l'histoire ancienne de l'Orient;

1.

le professeur donnera sur les civilisations primitives des idées plus utiles et plus justes, et il intéressera autant les élèves en décrivant quelques-uns des grands monuments de l'Égypte ou de la Babylonie, temples, palais, pyramides, hypogées, ou bien en racontant quelques épisodes des voyages anciens.

L'enseignement, pour être vraiment fécond, doit, tout en restant très simple, faire connaître surtout aux enfants les personnages dignes de servir d'exemple, et ceux qui ont le plus contribué aux progrès de l'humanité.

Géographie.

(2 heures.)

Notions élémentaires de Géographie générale. (Définir et faire comprendre, par des descriptions et des exemples, le sens des principaux termes de Géographie physique; indiquer sur le globe et au tableau la position des continents, et spécialement celle de l'Europe et de la France.)

Notions sur la Géographie physique de la France, en insistant sur celle de la commune et du département.

Programme de Géographie.

1° Position et plan de la ville. — Environs de la ville. — Exercices de dessin à propos du plan de la ville. — Le département. — Moyens de communication.

Carte de France : position, étendue, configuration, principaux fleuves, grandes villes.

2° Le globe : répartition des terres et des mers. — Océan, mer, golfe, détroit, continent, partie du monde, île, archipel, isthme, cap, montagne, volcan, glacier, bassin de fleuve, delta. Position des continents et spécialement de l'Europe et de la France.

3° Forme, dimensions et mouvements de la terre. — Horizon, points cardinaux, pôles, équateur.

Définitions et descriptions simples; exemples empruntés autant que possible aux lieux dans lesquels vit l'écolier;

éléments de dessin géographique à l'aide du globe terrestre, de la carte et du tableau noir.

[Pendant cette première année, le but de l'enseignement géographique n'est pas de donner à l'enfant une longue énumération de noms et de lieux, mais de l'habituer à l'usage des termes géographiques et des instruments d'étude, tels que globe, carte, plans, dont la lecture sera l'exercice fondamental de la classe.]

Sciences.

(4 heures.)

Calcul des nombres entiers. Exercices de calcul mental.

Leçons de choses.

Programme des Leçons de choses.

Lectures, récits, questions adressées par le professeur sur les sujets suivants :

Les solides.

Charbon et combustibles divers.
Matériaux de construction.
Métaux usuels. — Fer. — Cuivre. — Zinc. — Argent. — Or. — Les monnaies.
Mines et extraction des minerais.

L'eau.

Lacs. — Canaux. — Puits. — Sources. — Rivières.
L'eau de mer et le sel marin.
La glace et les glaciers. — Les glaces flottantes.
Neige.
Pluies. — Inondations.

L'air.

Les aérostats.
Le vent.
Les orages.

La chaleur solaire. — Saisons.

Dessins, modèles et échantillons que l'enfant pourra manier.

Dessin.

(2 heures.)

Programme[1]

§ 1er. — Tracé et division de lignes droites en parties égales. — Évaluation des rapports de lignes droites entre elles.

§ 2. — Reproduction et évaluation des angles.

§ 3. — Principes élémentaires du dessin d'ornement. — Circonférences. — Polygones réguliers. — Rosaces étoilées.

§ 4. — Courbes régulières autres que la circonférence. — Courbes elliptiques, spirales. — Courbes empruntées au règne végétal. — Tiges, feuilles, fleurs.

§ 5. — Premières notions sur la représentation des objets dans leurs dimensions vraies (éléments du dessin géométral) et sur la représentation de ces objets dans leur apparence (éléments de la perspective).

Ces différentes études donneront lieu à des exercices variés.

CLASSE DE HUITIÈME.

(NEUF ANS.)

Langue française, 10 heures de classe par semaine; — Langues vivantes, 4 heures; — Histoire, 2 heures; — Géographie, 2 heures; — Sciences, 4 heures; — Dessin, 2 heures.

Langue française.

(10 heures.)

Lecture, Écriture, Récitation française : explication du sens précis de chaque mot et de chaque phrase.

1. Le même programme s'applique à l'enseignement du dessin

Grammaire française : application des règles.
Exercices de langue française et d'orthographe.
Livre de lecture, lu et commenté en classe.

Programme d'enseignement de la Langue française.

[Ce programme doit être considéré comme un sommaire des notions que l'élève devra posséder à la fin de l'année. Il est entendu que les règles seront surtout enseignées par l'usage. Le professeur ne manquera aucune occasion de faire constater aux enfants qu'ils sont déjà en possession des différentes sortes de mots, et qu'ils appliquent instinctivement les règles de la grammaire. Il rattachera donc constamment son enseignement aux exemples fournis par le langage parlé ou écrit.]

Revision. — Orthographe usuelle. — Exercices au tableau.

Analyse grammaticale réduite à ses formes les plus simples.

Exercices sur le vocabulaire et la construction. — Remplacer dans de petites phrases l'actif par le passif, le présent par le futur, etc[1].

Petites rédactions préparées en classe.

Langues vivantes (allemand ou anglais).

(4 heures.)

Premières notions de grammaire.

Exercices de lecture et de conversation.

dans les trois classes élémentaires, avec des exemples gradués et des applications de plus en plus difficiles.

1. Voici quelques modèles d'exercices sur le vocabulaire et la construction : Distinguer les noms des adjectifs, les verbes, etc. employés dans des phrases dites par le professeur, écrites au tableau ou bien dans un texte. — Changer dans une narration le temps des verbes; en changer la personne. — Trouver un nombre déterminé de noms, d'adjectifs, de verbes, se rapportant à un ordre d'idées donné. — Ajouter des conjonctions dans un texte où elles ont été omises. — Contraire d'adjectifs donnés; même exercice sur les noms abstraits qui leur correspondent. — Résumer, sans rien

Explication et Récitation d'auteurs élémentaires. Phrases très faciles.

Allemand.

Morceaux choisis de prose et de poésie.

Anglais.

Morceaux choisis.
Miss Edgeworth : *Contes choisis*.

Programme des Premières Notions de Grammaire.

Grammaire allemande. — Lecture. — Écriture. — Insister dans la prononciation sur l'accent tonique. — Articles et adjectifs déterminatifs. — Exercices de déclinaison (substantifs et adjectifs). — Comparatif et superlatif. — Noms de nombre. — Pronoms. — Exercices de conjugaison (les trois auxiliaires, verbes faibles). — Les mots invariables les plus usités. — Règles élémentaires de la construction.

Grammaire anglaise. — Lecture. — Principes généraux de la prononciation. — Insister dans la prononciation sur l'accent tonique. — Article. — Adjectifs déterminatifs. — Emploi de *his, her, its*. — Formation du pluriel dans les substantifs réguliers et irréguliers. — Adjectifs. — Degrés de comparaison. — Noms de nombre. — Verbes auxiliaires; verbes réguliers; verbes irréguliers très usités. — Les mots invariables les plus usuels.

omettre, un passage classique en un nombre de propositions déterminé par le professeur. — Ces exercices, qu'il est aisé de multiplier, conviennent aux classes de Neuvième, Huitième, Septième et Sixième.

Histoire.

(2 heures.)

Histoire sommaire de la France, jusqu'à l'avènement de Henri IV.

Récits simples ; courts exposés faits par le maître et répétés de vive voix par l'élève.

Programme d'Histoire.

Histoire de la France jusqu'à Henri IV.

Les anciens Gaulois. — Conquête de la Gaule par les Romains. Jules César. Vercingétorix. Les grandes villes de la Gaule romaine. Le christianisme en Gaule.

Invasion des Barbares. — Les Francs en Gaule. Clovis. Frédégonde et Brunehaut. Dagobert.

Pépin d'Héristal. — Charles-Martel. Pépin le Bref.

Charlemagne. — Ses guerres. Son couronnement à Rome.

Louis le Pieux. — Le traité de Verdun. Charles le Chauve. Les Normands.

Démembrement de la France en grands fiefs. — Les premiers Capétiens. Les Croisades.

Affranchissement des communes. — Louis VI. Louis VII et Suger. Philippe-Auguste. Bataille de Bouvines. Croisade contre les Albigeois.

Règne de saint Louis. — Les monuments religieux et militaires.

Philippe le Bel. — Boniface VIII et les Templiers.

Les Valois. — La guerre de Cent ans. Étienne Marcel.

Charles V et Duguesclin. — Charles VI. Les Armagnacs et les Bourguignons.

Charles VII. — Jeanne d'Arc. Jacques Cœur. Fin de la guerre de Cent ans.

Louis XI et Charles le Téméraire.

Charles VIII et Louis XII. — Guerres d'Italie.

François Ier. — Lutte de François Ier et de Charles-Quint. La Renaissance.

La Réforme et les guerres de religion. — Henri II. Charles IX. La Saint-Barthélemy.

Fin des guerres de religion. — Henri III et la Ligue. Avènement de Henri IV. L'édit de Nantes.

Géographie.

(2 heures.)

Géographie élémentaire des cinq parties du monde. Principaux voyages de découvertes. Grands navigateurs.

Programme de Géographie.

Géographie élémentaire des cinq parties du monde. — Principaux voyages de découvertes.— Grands navigateurs.

La mer et les continents : les océans. — Les cinq parties du monde. — Les régions polaires.

Europe, Asie, Afrique, Amérique, Océanie. — Configuration et limites : mers, grands golfes et détroits, caps, îles, presqu'îles.—Grandes chaînes de montagnes. — Fleuves et lacs.—Animaux et plantes remarquables. — Principaux États avec leurs capitales. — Grands ports de commerce et villes importantes.

Voyages et découvertes de Marco-Polo, Christophe Colomb, Vasco de Gama, Magellan, Cook, La Pérouse, Dumont d'Urville, Parry, Livingstone.

Sciences.

(4 heures.)

Calcul des nombres entiers. Exercices de calcul mental.

Tracé des figures les plus simples de la géométrie plane.

Eléments d'histoire naturelle des animaux et des végétaux.

Programme des éléments d'Histoire naturelle des animaux [1].

Différence des êtres vivants et des corps inanimés.

Différences apparentes des animaux et des végétaux. Ce qu'on entend par *règnes*. Les plus gros êtres vivants; les plus petits visibles à l'œil nu, à la loupe, au microscope.

Animaux terrestres, aquatiques, volants; diurnes et nocturnes.

Distribution des animaux les plus connus dans les régions arctiques, tempérées, torrides.

Croissance de l'animal. Allaitement. Œufs et poussins. Métamorphoses de la grenouille, du ver à soie, de la mouche.

La chasse et la pêche. Animaux utiles, nuisibles, domestiques.

Différences entre les animaux : animaux ayant des os ou des arêtes : squelette.

Animaux dépourvus de squelette et formés d'anneaux.

Animaux à peau molle sans coquille, comme la limace, ou avec une coquille.

Vers de terre.

Animaux ayant l'apparence de plantes.

Animaux couverts de poil, ayant des mamelles.

Animaux couverts de plumes. Fabrication des nids.

Animaux froids : serpents, tortues, lézards, grenouilles, poissons.

Programme des éléments d'Histoire naturelle des végétaux.

L'enseignement aura pour objet l'examen successif des organes d'un certain nombre de plantes, choisies dans les divers groupes naturels parmi celles dont l'observation offre le plus de facilités, tant par la vulgarité

1. Cet enseignement sera fait exclusivement au point de vue descriptif, avec l'emploi fréquent de types originaux et d'objets figurés. Il sera complété par les excursions instructives.

des espèces que par l'ampleur relative des organes floraux. Le professeur donnera la préférence aux plantes qui servent à d'utiles applications.

L'examen s'étendra à tous les organes de la plante : racine, tige, feuille, fleurs (calice, corolle, étamines, pistil, graine, fruit).

Le professeur choisira ses exemples dans les grandes divisions aujourd'hui adoptées (dicotylédones, monocotylédones, cryptogames), de sorte que l'élève se trouvera naturellement initié à la connaissance de ces divisions.

Exemples de plantes qui pourront servir d'objet d'étude.

I. PHANÉROGAMES.

Dycotylédones.

La grande pervenche ou le laurier-rose ;
La patate (aliment), le liseron (âcre, purgatif) ;
La pomme de terre (aliment), le tabac (poison);
Le muflier (plante ornementale), la linaire;
Le lamier blanc, la sauge, la menthe ;
La primevère, l'oreille-d'ours (plante ornementale) ; —
L'aspérule, le caille-lait, la garance (plante tinctoriale);
Le chèvrefeuille (plante ornementale), le sureau;
Le bluet, la jacée ;
La chicorée, la laitue (plantes alimentaires) ;
Le grand soleil (oléifère), le souci ;
Les campanules (ornementales, alimentaires);
La carotte, l'angélique (alimentaires) ;
Le potiron, le melon (alimentaires) ;
Le pommier, le poirier, le cerisier, le prunier (alimentaires);
Le rosier à fleurs simples et à fleurs doubles (indiquer dans celui-ci la métamorphose des étamines en pétales);
Le fraisier (réceptacle alimentaire), la ronce, la framboise;
Le haricot, le pois (alimentaires par péricarpes et graines);

Le trèfle, le sainfoin, la luzerne (fourrages employés pour
les prairies artificielles) ;

L'oranger (fruit alimentaire, fleurs donnant une eau
distillée, objet d'important commerce) ;

La rose trémière (ornementale), la mauve ;

Le géranium et le pélargonium ;

La vigne (produit le vin ; indiquer ses ennemis : phylloxera, etc.) ; la vigne vierge (s'attache aux murs
par des crampons-ventouses) ;

L'œillet (ornemental) ; la saponaire (principe qui fait
mousser l'eau et enlève les taches) ;

La giroflée (plante ornementale) ; le chou (alimentaire) ;

Le coquelicot, le pavot (donne l'opium) ;

Le sarrasin (alimentaire) ;

Le ricin (ornemental, oléifère) ; l'euphorbe (suc laiteux,
très âcre) ;

Le chêne (arbre forestier, gland alimentaire) ;

Le pin, le sapin (arbres forestiers, toujours verts) ;

Monocotylédones.

Le lis, la tulipe, la jacinthe (fleurs ornementales) ;

Le narcisse, l'amaryllis (fleurs ornementales) ;

L'iris de Florence (ornemental) ; son rhizome à odeur de
violette (expliquer en quoi cet organe diffère des racines) ;

L'orchis, l'ophrys (curieuses formes de beaucoup de
leurs fleurs) ;

Le blé, le seigle, l'orge, l'avoine, le maïs et le riz (alimentaires).

II. CRYPTOGAMES.

Fougère mâle (ténifuge) ; fougère aigle ;

Prêle ou queue de cheval (la prêle d'hiver sert à polir
les métaux par la silice qui incruste sa surface) ;

Le polytric ou grande mousse ;

Truffe, agaric (champignon de couche) et bolet (cèpe de
Bordeaux) ;

Lichens ;

Algues d'eau douce ou algues marines.

Dessin.

(2 heures.)

Voir le programme de la Classe préparatoire, p. 12.

CLASSE DE SEPTIÈME.

(DIX ANS.)

Langue française, 10 heures de classe par semaine; — Langues vivantes, 4 heures; — Histoire, 2 heures; — Géographie, 2 heures; — Sciences, 4 heures; — Dessin, 2 heures.

Langue française.

(10 heures.)

Lecture, Écriture, Récitation française : explication du sens précis de chaque mot et de chaque phrase.
Grammaire française.
Exercices de langue française et d'orthographe.
Petits exercices de composition et analyse écrite de récits historiques faits en classe.

Programme d'enseignement de la Langue française.

[Ce programme doit être considéré comme un sommaire des notions que l'élève devra posséder à la fin de l'année. Il est entendu que les règles seront surtout enseignées par l'usage. Le professeur ne manquera aucune occasion de faire constater aux enfants qu'ils sont déjà en possession de différentes sortes de mots, et qu'ils appliquent instinctivement les règles de la grammaire. Il rattachera donc constamment son enseignement aux exemples fournis par le langage parlé ou écrit.]

Revision. — Exercices sur l'accord des mots.

Analyse de la proposition. — Remplacer un complément par une proposition et réciproquement [1].

Petites rédactions sur des sujets d'histoire naturelle, de géographie descriptive, d'histoire, *etc.*

1. Voir la note 1 de la page 13.

Langues vivantes (allemand ou anglais).

(4 heures.)

Éléments de grammaire.

Explication et Récitation d'auteurs élémentaires.
Exercices de lecture et de conversation.
Phrases usuelles sur les principes étudiés.

Auteurs indiqués.

Allemands.

Morceaux choisis.
Paraboles de Krummacher.

Anglais.

Morceaux choisis.
Day : *Sandford et Merton.*
Miss Edgeworth : *Contes choisis.*

Programme des Éléments de Grammaire.

Grammaire allemande. — Revision. — Déclinaison du
substantif avec les principales exceptions. — Particu-
larités de la déclinaison des adjectifs. — Les verbes
forts les plus usités ; les auxiliaires de modes. — Indications sommaires sur les verbes séparables et inséparables. — Noms de temps et de mesures. — Noms
de nombre. — Pronoms. — Manière de traduire *son,
sa, ses* et les pronoms *dont, en, y*. — Règles de construction.

Grammaire anglaise. — Revision. — Prononciation.
— Insister sur l'accent tonique. — Pluriel irrégulier.
— Verbes irréguliers usuels. — Verbes réfléchis, im-
personnels, passifs. — Insister sur la conjugaison
affirmative, interrogative, négative. — Mots invariables. — Cas possessif.

Histoire

(2 heures.)

Histoire de France depuis l'avènement de Henri IV jusqu'à nos jours.

Exposés faits par le maître et reproduits par l'élève, de vive voix ou par écrit.

Programme d'Histoire.

Histoire de France depuis l'avènement de Henri IV jusqu'à nos jours.

Henri IV et Sully. — Minorité de Louis XIII.

Richelieu. — Lutte contre les protestants. Guerre de Trente ans.

Louis XIV. — Mazarin. Traités de Westphalie et des Pyrénées.

Colbert et Louvois. — Guerres de Louis XIV. Traités d'Aix-la-Chapelle et de Nimègue.

Fin du règne de Louis XIV. — Révocation de l'édit de Nantes. Guerres de la ligue d'Augsbourg et de la succession d'Espagne. — Les écrivains, les savants et les artistes du siècle de Louis XIV.

Règne de Louis XV. — Le duc d'Orléans et le cardinal de Fleury. Guerres de la succession de Pologne, de la succession d'Autriche, et guerre de Sept ans. Les grands écrivains du XVIIIᵉ siècle.

Louis XVI. — Turgot et Malesherbes. État de la France en 1789.

La Révolution française. — Assemblées constituante et législative.

La Convention. — La République. Guerres de la République. Paix de Bâle.

Le Directoire. — Campagne d'Italie. Expédition d'Égypte. 18 brumaire.

Le Consulat. — Paix de Lunéville et d'Amiens.

L'Empire. — Austerlitz, Iéna, Friedland.

Guerres d'Espagne, de Russie, d'Allemagne et de France.

Chute de l'Empire.

Les deux Restaurations. — Louis XVIII. Charles X.

Règne de Louis-Philippe. — Conquête de l'Algérie, République de 1848.

Le second Empire. — Guerres de Crimée et d'Italie. Guerre de 1870.

La troisième République. — La Constitution de 1875.

Géographie.

(2 heures.)

Géographie élémentaire de la France.

Programme de Géographie.

Géographie élémentaire de la France.

Configuration, dimensions et superficie.

Description des côtes, mers, golfes, détroits, caps, iles ; principaux ports ; ports militaires et ports de commerce.

Frontières de terre : la frontière de l'Est avant et depuis 1871.

Description des montagnes : Alpes, Jura, Vosges, Cévennes et massif central, Pyrénées. — Chaînes (sommets et cols), plateaux, grandes plaines.

Les grands bassins : Rhône, Garonne, Loire, Seine, Somme, Escaut, Meuse et Rhin.

Anciennes provinces : départements par provinces : chefs-lieux, villes principales.

Étude particulière du département et de la province : description physique ; curiosités naturelles ; principales productions ; grandes manufactures ; lieux et personnages célèbres.

(Éléments de dessin géographique à l'aide de la carte et du tableau noir.)

Sciences.

(4 heures.)

Calcul des nombres entiers et des nombres décimaux. Système métrique.

Tracé de figures géométriques. Notions sur les solides enseignées au moyen de modèles en relief.

Éléments d'Histoire naturelle des pierres et des terrains.

Premiers éléments des Sciences expérimentales.

Programme des Éléments d'Histoire naturelle des pierres et des terrains.

Pierres.

Pierres qui font effervescence avec les acides (le vinaigre). *Calcaire :* pierre à bâtir, marbre, craie. — Action de la chaleur sur le calcaire : fours à chaux, chaux, ses usages ; mortier.

Pierres qui ne font pas effervescence avec les acides. Pierre à plâtre ; action de la chaleur, plâtre, propriétés du plâtre.

Argile : plasticité de l'argile ; l'argile perd sa plasticité par l'action d'une température élevée ; briques, poteries, faïence, porcelaine.

Pierres siliceuses. Cristal de roche, agate, silex, pierre à fusil, pierres meulières, grès.

Granit. Structure complexe du granit.

Sables et cailloux roulés.

Terre végétale.

Débris de roches mêlés à des détritus d'origine organique ; humus.

Terres légères et sablonneuses, perméables à l'eau et à l'air.

Terres fortes et argileuses, plus ou moins imperméables ; marnes.

Amendements. Engrais.

Eau.

Eau des mers, des lacs, des rivières.

Glaces du pôle. — Glaciers.

Torrents. — Ravinements. — Effets du déboisement des montagnes. — Creusement des vallées. — Dépôts de sable et de vase.

Infiltration des eaux pluviales dans les sols perméables. — Sources. — Puits.

Terrains.

Terrains de sédiment. — Fossiles.

Terrains ignés. — Volcans.

Carrières et mines. — Exploitation à ciel ouvert et par galeries.

Carrières de pierres calcaires, de marbre, de plâtre, d'ardoises.

Mines de houille : origine végétale de la houille. — Graphite ; crayons. — Diamant.

Mines de sel gemme et sources salées.

Mines d'or, d'argent, de plomb, de cuivre, de fer. — Échantillons de minerais.

Programme des premiers éléments des Sciences expérimentales.

Description et explication des principaux phénomènes.

Poids. — Balances.

L'eau.

Vases communiquants. — Applications.

Corps flottants.

Glace. — Vapeur d'eau ; sa présence dans l'atmosphère. — Pluie.

Sources. — Eaux potables.

Exemples de dilatation des corps par la chaleur. — Thermomètre.

2

Pression atmosphérique. — Vent.

Orages. — Foudre.

Le soleil, source de chaleur et de lumière.

Corps bons ou mauvais conducteurs. — Les vêtements.

L'air. — Son rôle dans l'oxydation des métaux et la combustion. — Chauffage. — Éclairage.

Pain. — Vin.— Vinaigre.—Huile.— Sucre. — Savon.

Dessin.

(2 heures.)

Voir le programme de la Classe préparatoire, page 12.

APRÈS LA SEPTIÈME. EXAMEN DE PASSAGE.

2.

DIVISION DE GRAMMAIRE.

(Dans les trois classes de 6e, 5e et 4e, l'enseignement des sciences physiques et naturelles est essentiellement descriptif et expérimental.)

CLASSE DE SIXIÈME.

(ONZE ANS.)

Langue française, 3 heures de classe par semaine; — Langue latine, 10 heures; — Langues vivantes, 3 heures; — Histoire, 2 heures; — Géographie, 1 heure; — Sciences, 3 heures; — Dessin graphique, 2 heures (en dehors des 22 heures réglementaires.)

Langue française.

(3 heures.)

Grammaire française.

Lecture, Explication et Récitation d'auteurs français.
Morceaux choisis de prose et de vers des Classiques français.
La Fontaine : *Fables.* —

Exercices de langue française et d'orthographe.
Compositions très simples.

Programme d'enseignement de la Langue française.

[Ce programme doit être considéré comme un sommaire des notions que l'élève devra posséder à la fin de l'année. Il est entendu que les règles seront surtout enseignées par l'usage. Le professeur ne manquera aucune occasion de faire constater aux enfants qu'ils sont déjà en possession des différentes sortes de mots, et qu'ils appliquent instinctivement les règles de la grammaire. Il rattachera donc constamment son enseignement aux exemples fournis par le langage parlé ou écrit.]

Revision[1]. — Exercices de langage (discours direct et indirect, proposition conditionnelle, *etc.*).
Composition sur des sujets familiers aux élèves.

1. Voir la note 1 de la page 13.

Langue latine.

(10 heures.)

Grammaire latine.

Prosodie latine.

Explication et Récitation d'auteurs latins : textes faciles.
De Viris.

Thème latin, surtout oral.

Version latine.

Une grande place sera donnée à la préparation et à l'explication des textes.

Programme d'enseignement de la Langue latine.

[Ce programme doit être considéré comme un sommaire des notions que l'élève devra posséder à la fin de l'année, et non comme une indication de la marche à suivre par le professeur.]

Lecture. — Voyelles brèves et longues. — Diphtongues. — Syllabes marquées de l'accent tonique. — Différentes sortes de consonnes.

Le nom, l'adjectif, les pronoms. — Degrés de comparaison. — Noms de nombre. — Le verbe substantif. — Conjugaison régulière de l'actif et du passif. — Verbes déponents. — Principales particules indéclinables.

Premiers éléments de syntaxe générale. — Syntaxe d'accord. — Emplois principaux des cas. — Complément direct et indirect des verbes. — Proposition infinitive. — Propositions secondaires.

Indications sur la manière de traduire une phrase latine. — Les élèves seront exercés en classe à reconnaître la construction, à distinguer le verbe, le sujet, le complément.

Petits exercices instantanés de traduction en latin, faits par écrit en classe. — Le professeur lit lentement une phrase française dont tous les mots ont déjà été vus des élèves, et ceux-ci écrivent immédiatement la phrase en latin.

Thème oral au tableau.

Langues vivantes (allemand ou anglais).

(3 heures.)

Grammaire.

Explication et Récitation d'auteurs.
Exercices de lecture et de conversation.
Thème, surtout oral.
Version, surtout orale.

Auteurs indiqués.

Allemands.

Morceaux choisis.
Campe : *Le jeune Robinson.*
Herder et Liebeskind : *Feuilles de palmier.*
Musæus : *Contes choisis.*

Anglais.

Morceaux choisis.
Miss Edgeworth : *Contes choisis.*
Aikin et Barbauld : *Soirées au logis.*
Miss Corner : *Histoire d'Angleterre.*

Programme de Grammaire.

Grammaire allemande. — Revision. — Déclinaison
complète du substantif. — Comparatif de supériorité,
d'égalité et d'infériorité. — Comparatif formé avec
mehr. — Superlatif relatif et absolu. — Verbes forts.
— Rôle de l'inflexion dans les noms et dans les verbes
forts. — Verbes pronominaux, passifs et imperson-
nels. — Préposition devant l'infinitif. — Syntaxe du
verbe.

Grammaire anglaise. — Revision. — Prononciation et
accent tonique. — Insister sur les auxiliaires de
modes et de temps : *Shall, will, do, let, may, can,
ought, must.* — Continuation des verbes irréguliers.
— Manière de traduire *dont* et quelques pronoms in-
définis. — Pronoms relatifs. — Mots invariables.

Histoire.

(2 heures.)

Histoire ancienne des peuples de l'Orient, Géographie ancienne.

Programme d'Histoire.

Histoire de l'Orient.

Monde connu des anciens.

Description de l'ancienne Égypte. — Le Nil. L'ancien empire. Le moyen empire. Invasion des Pasteurs. Le nouvel empire. Monuments, religion, mœurs et coutumes. Les systèmes d'écriture. Les découvertes de Champollion et de Mariette.

Assyriens et Babyloniens. — La région du Tigre et de l'Euphrate. Temps primitifs. La dynastie des Sargonides. Le nouvel empire chaldéen. Monuments, religion, mœurs et coutumes.

Géographie de la Palestine. — Les Israélites en Égypte et dans la Terre promise. Moïse. Les Juges. Le royaume de David et de Salomon. Schisme des dix tribus. Destruction des deux royaumes.

Géographie de la Phénicie. — Sidon et Tyr. Le commerce maritime et terrestre, l'industrie, les colonies. Fondation de Carthage. L'alphabet.

Les Aryas primitifs. Les Aryas de l'Inde. Les Védas. — La Société brahmanique. Loi de Manou. Le bouddhisme.

Les Iraniens. — Zoroastre. L'empire mède. L'empire perse. Cyrus, Cambyse et Darius. Organisation de l'empire de Darius. — Mœurs, coutumes, écriture, monuments des Perses.

Géographie.

(1 heure.)

Géographie générale de l'Europe et du bassin de la Méditerranée.

Programme de Géographie.

Géographie générale de l'Europe et du bassin de la Méditerranée.

Configuration, limites et dimensions de l'Europe. — Mers qui la baignent. La Méditerranée : grandes divisions, golfes, détroits, îles, archipels, presqu'îles, caps. Relief du sol européen, chaînes de montagnes. — Description des principales chaînes (altitude, neiges perpétuelles, glaciers, cols, vallées; plantes et animaux caractéristiques), volcans, plateaux, grandes plaines.

Eaux. — Versant de la Caspienne et de la Méditerranée. — Versant de l'Atlantique et de l'Océan Glacial. — Description des fleuves les plus importants. — Lacs et régions marécageuses.

Les États de l'Europe (moins la France), capitales, grandes divisions et villes principales.

Les pays riverains de la Méditerranée situés hors d'Europe : description sommaire de l'Asie Mineure, la Syrie, la Palestine, l'Égypte, Tripoli, la région de l'Atlas (Tunisie, Algérie, Maroc).

Sciences.

(3 heures.)

Arithmétique : Calcul des fractions.

Géométrie : Notions sur la sphère.

Notions élémentaires de Physique et de Chimie.

Programme d'Arithmétique.

Revision des opérations sur les nombres entiers. Preuves de ces opérations.
Fractions ordinaires. — Réduction de plusieurs fractions au même dénominateur. — Opérations sur les fractions.
Nombres décimaux. — Opérations.

Programme des Notions sur la sphère.

Définition de la sphère. — Centre ; diamètre. — Tracer des cercles sur la sphère.

Rondeur de la terre. — Verticale. — Horizon. Lever et coucher des astres.

Points cardinaux.

Pôles, méridiens, parallèles et équateur terrestres. — Longitudes et latitudes géographiques.

Programme des Notions élémentaires de Physique et de Chimie[1].

Physique.

Chute des corps. — Fil à plomb.

Poids. — Balances.

Propriétés des corps à l'état liquide.

Surface libre des liquides au repos. — Vases communiquants.

Pressions sur les parois des vases.

Propriétés des corps à l'état gazeux.

Élasticité des gaz.

Pression atmosphérique. — Baromètre.

Chaleur.

Dilatation des corps par la chaleur. — Thermomètre.

Fusion et solidification. — Glace. — Neige.

Vaporisation. — Pluie. — Rosée.

Machine à vapeur.

Conductibilité des corps.

Électricité. — *Magnétisme.*

Production d'électricité par le frottement.

Description de la machine électrique. — Effets mécaniques, calorifiques et lumineux.

Foudre. — Paratonnerre.

1. Une heure et demie par semaine pour la Physique et la Chimie.

Aimants. — Boussole.

Description de la pile. — Ses effets calorifiques, chimiques et lumineux.

Acoustique.

Production et propagation du son. — Vitesse du son.

Optique.

Propagation de la lumière en ligne droite. — Ombres.

Réflexion de la lumière sur les miroirs plans.

La lumière solaire, les couleurs du spectre.

Chimie.

Eau.

Oxygène et hydrogène.

Air.

Oxygène et azote.

Corps simples et composés.

Charbon. — Acide carbonique.

Soufre. — Phosphore. — Chlore.

Silice.

Notions sommaires sur les acides, les métaux usuels, les bases, les sels et les matières organiques.

Dessin graphique.

(2 heures, en dehors des 22 heures réglementaires.)

Programme[1].

§ 1er. — Représentation géométrale, au trait, et représentation perspective, avec les ombres, de solides géométriques et d'objets usuels simples.

§ 2. — Dessin d'après des ornements en relief empruntant leurs éléments à des formes non vivantes telles que : moulures, oves, rais de cœur, perles, denticules, *etc.*

1. Ce programme est commun aux classes de Sixième et de Cinquième.

§ 3. — Dessin d'après des ornements en bas-relief empruntant leurs éléments à des formes vivantes, telles que : feuilles et fleurs ornementales, palmettes, rinceaux, etc.

§ 4. — Dessin d'après des fragments d'architecture, tels que dés, piédestaux, bases et fûts de colonnes, antes, corniches.

§ 5. — Dessin de la tête humaine. — Premières notions sur sa structure générale et sur les proportions de ses différentes parties.

NOTA. — Dans le courant de ces deux années et de l'année suivante, quelques leçons seront réservées pour l'exécution de dessins d'architecture à l'aide de la règle et du compas.

CLASSE DE CINQUIÈME.

(DOUZE ANS.)

Langue française, 3 heures de classe par semaine; — Langue latine, 10 heures; — Langues vivantes, 3 heures, dont 1 heure prise sur l'étude; — Histoire, 2 heures; — Géographie, 1 heure; — Sciences, 4 heures; — Dessin, 2 heures (en dehors des 22 heures réglementaires).

Langue française.

(3 heures.)

Lecture, Explication et Récitation d'auteurs français.
Morceaux choisis de prose et de vers des Classiques français.
Fénelon : *Télémaque*.
Buffon : Morceaux choisis.
Racine : *Esther*.
Boileau : Épisodes du *Lutrin*; *Satires*.

Exercices de langue française et d'orthographe.
Compositions très simples.

Programme d'enseignement de la Langue française.

[Ce programme doit être considéré comme un sommaire des notions que l'élève devra posséder à la fin de l'année. Il est entendu que les règles seront surtout enseignées par l'usage. Le professeur ne manquera aucune occasion de faire constater aux enfants qu'ils sont déjà en possession des différentes sortes de mots, et qu'ils appliquent instinctivement les règles de la grammaire. Il rattachera donc constamment son enseignement aux exemples fournis par le langage parlé ou écrit.]

Revision. — Exercices de style. — Synonymes.

Réunir différentes propositions en une seule phrase.

Traduction en français moderne de passages d'auteurs du seizième siècle.

Composition sur des sujets à développer d'après une lecture faite en classe.

Langue latine.

(10 heures.)

Grammaire latine : revision des éléments ; syntaxe complète.

Groupement des mots par famille. Mots primitifs et mots dérivés.

Prosodie latine.

Explication et Récitation d'auteurs latins.
Selectæ.
Phèdre : Fables choisies.
Ovide : Morceaux choisis.
Cornelius Nepos.

Thème latin, surtout oral.
Version latine.
Notions sommaires d'histoire littéraire, à l'occasion des textes expliqués.

Programme d'enseignement de la Langue latine.

[Ce programme doit être considéré comme un sommaire des notions que l'élève devra posséder à la fin de l'année, et non comme une indication de la marche à suivre par le professeur.]

Révision. — Déclinaison irrégulière. — Comparatifs et superlatifs irréguliers.—Étude détaillée des pronoms. — Conjugaison régulière et irrégulière.

Procédés de dérivation et de composition des mots. Mots simples. Groupement des mots dérivés et composés[1]. Étude sur les significations accessoires exprimées par les préfixes et les suffixes. — Groupement des mots d'après leur formation. — Groupement des mots d'après leur sens (synonymes).

Récapitulation de la syntaxe d'accord. Valeur et usage des modes. Les diverses espèces de propositions subordonnées. — Principales conjonctions. — Adverbes et prépositions.

Exercices instantanés de traduction du français en latin. — Reproduction de mémoire des morceaux expliqués en classe. — Thème écrit.

Explication des auteurs. Le professeur indiquera les passages qui doivent être préparés par écrit.

Éléments de prosodie. — Étude des pieds les plus usités. — Vers hexamètres à scander.

Langues vivantes (allemand ou anglais).

(3 heures, dont une 1 heure prise sur l'étude.)

Grammaire, continuation.

Explication et Récitation d'auteurs.
Exercices de lecture et de conversation.

1. Voici des exemples de ces différentes sortes de groupements : *Signum, signo, designo, significo, insignis, antesignanus.* — *Verto, versor, adverto, adversus, adversarius, controversia, diversitas, perversus, transversus, divortium, versus, versutus.* — *Patrimonium, matrimonium, testimonium.*—*Edax, loquax, pertinax, perspicax,* etc. — *Lis, forum, causa, jus, reus,* etc.

Thème.
Version.

Auteurs indiqués.

Allemands.

Morceaux choisis.
Niebuhr : *Histoire héroïque de la Grèce.*
Grimm : *Contes populaires.*
Andersen : *Contes enfantins.*

Anglais.

Morceaux choisis.
Walter Scott : *Récits d'un grand-père;*
Hughes : *les Jours de classe de Tom Brown;*
Voyages du capitaine Cook.
Miss Corner : *Histoire de Grèce.*

Programme de Grammaire.

Grammaire allemande. — Revision. — Syntaxe de l'article, du nom et de l'adjectif. — Déclinaison des substantifs étrangers. — Déclinaison des noms propres. — Étude plus détaillée des verbes composés. — Influence des préfixes et des particules sur la conjugaison et sur l'acception du verbe. — Particules tantôt séparables, tantôt inséparables. — Verbes composés avec des noms et des adjectifs. — Les parties invariables du discours.

Grammaire anglaise. — Revision. — Règles de prononciation. — Syntaxe de l'article, du nom et de l'adjectif. — Verbes composés. — Influence des particules sur l'acception des verbes. — Verbes irréguliers. — Adverbes et prépositions.

Histoire.

(2 heures.)

Histoire de la Grèce ancienne. Géographie ancienne.

Histoire de la Grèce.

Géographie de la Grèce ancienne et du littoral de la Méditerranée.

La race hellénique. La religion; les légendes; la guerre de Troie; l'oracle de Delphes; les amphictyonies; les jeux Olympiques.

Colonies grecques en Asie. Le commerce et les arts en Ionie.

Invasion des Doriens. Extension de la race grecque en Italie, en Sicile, en Afrique.

Sparte; ses institutions sociales et militaires; les rois, le sénat, les éphores.

Athènes; l'ancienne royauté; les Eupatrides et l'Archontat; l'Aréopage. — Constitution de Solon. — Pisistrate et Clisthènes. Les stratèges.

Guerres médiques.

Périclès; changements dans la constitution. L'assemblée du peuple; le conseil des Cinq cents; les Héliastes.

Les arts à Athènes; constructions et principaux monuments; l'Acropole. — Les lettres; le théâtre et la chorégie. Les orateurs.

Guerre du Péloponèse. Les Quatre cents et les Trente. Mort de Socrate.

Puissance de Sparte après la guerre du Péloponèse. Expédition de Cyrus et retraite des Dix mille. Agésilas. Traité d'Antalcidas.

Puissance de Thèbes. Épaminondas.

Puissance de la Macédoine. Philippe. Démosthène et Eschine. Hégémonie macédonienne.

Alexandre. Conquête de l'Asie. Fondation d'Alexandrie. Étendue de l'empire macédonien à la mort d'Alexandre.

Histoire sommaire de l'Égypte sous les Lagides, et de la Syrie sous les Séleucides. Diffusion de l'esprit grec en

Orient ; le commerce ; les lettres et les écoles à Alexandrie et à Pergame.

La ligue achéenne et la ligue étolienne ; Aratus et Philopœmen. Conquête de la Macédoine et de la Grèce par les Romains. Diffusion de l'esprit grec en Occident.

Géographie.

(1 heure.)

Géographie de l'Afrique, de l'Asie, de l'Amérique et de l'Océanie.

Programme de Géographie.

Géographie de l'Afrique, de l'Asie, de l'Océanie et de l'Amérique.

Globe terrestre : représentation du globe sur une mappemonde ; d'un pays sur une carte.

La mer : superficie et profondeur ; les marées. — Décrire les cinq océans.

Afrique, Asie, Océanie, Amérique : Géographie physique ; configuration et dimensions ; mers, îles, caps, détroits. — Chaînes de montagnes, plateaux et grandes plaines, fleuves, rivières, lacs. — Énumération des principaux États : capitales, villes importantes et grands ports de commerce.

Possessions des Européens.

Sciences.

(4 heures.)

Arithmétique pratique. Notions d'Arithmétique commerciale.

Géométrie usuelle : mesure des surfaces et des volumes les plus simples.

Zoologie.

Programme d'Arithmétique.

Revision.

Revision détaillée du système métrique.

Conversion des anciennes mesures françaises et des principales mesures étrangères en mesures nouvelles.

Mesure du temps : jour, mois, année.

Rapports. — Proportions.

Règle de trois.

Intérêt. — Escompte. — Rente.

Règles de mélange, d'alliage.

Programme de Géométrie usuelle.

Mesure des surfaces et des volumes les plus simples.

Ce que c'est que mesurer une grandeur.

Mesure de la longueur d'une ligne droite. — Comment on mesure une droite sur le terrain.

Mesure de la longueur d'une circonférence.

Aire du carré, du rectangle, du parallélogramme, du triangle, du trapèze, d'un polygone quelconque. — Comment on évalue la surface d'un terrain.—Équerre d'arpenteur.

Aire du cercle.

Volume d'un cube, d'un parallélipipède rectangle, d'un prisme droit.

Surface et volume du cylindre circulaire droit.

Surface et volume de la sphère.

Applications. — Déterminer le poids d'un corps solide dont on connaît le volume et le poids spécifique.

Programme de Zoologie [1].

Variété du règne animal; divisions. — L'homme. Espèces animales sauvages, espèces domestiques; espèces éteintes. Familles. Classes.

Vertébrés. — Idée du squelette.

1. Une heure par semaine.

Invertébrés.—Division en articulés, mollusques, vers, polypiers, animaux microscopiques.

VERTÉBRÉS.

Classe des mammifères.—Pelage; allaitement; variétés de forme.

Anatomie sommaire de l'homme ou d'un animal domestique. Principaux appareils et leurs fonctions.

Singes, formes des membres : singes anthropoïdes, singes de l'ancien et du nouveau continent.

• Chauves-souris ; modifications du membre antérieur ; mœurs.

Insectivores ; hérisson ; taupe, ses mœurs.

Rongeurs. Principaux rongeurs. Le castor, ses mœurs.

Animaux carnassiers : 1° marchant sur la plante du pied : l'ours ; la loutre, ses pieds palmés ; 2° marchant sur les doigts : le chien (conformation des membres, origine, variétés, domestication ; chiens de garde, de berger, de trait).

Lions, tigres, chats : analogie de formes, habitat.

Éléphants : description, habitat ; ivoire. Mammouth.

Cheval, âne ; conformation des extrémités, mors, ferrure.

Ruminants : conformation des extrémités ; bœufs, cerfs ; cornes, bois. Rumination. Les animaux domestiques : la vache, le mouton ; le lait, la laine.

Les phoques.

Les cétacés ; les baleines, véritables mammifères ; taille, pêche, huiles, fanons.

Classe des oiseaux. — Organisation. Bec, plumes, pattes, ailes. Vol. Instincts. Migrations.

Oiseaux de proie diurnes : aigles, faucons, vautours.

Oiseaux de proie nocturnes : chouettes, hiboux.

Échassiers : grues, marabouts, cigognes.

Passereaux : alimentation variable ; oiseaux utiles et nuisibles. Moineaux, corbeaux, hirondelles, oiseaux de paradis, oiseaux-mouches.

Grimpeurs, perroquets.

Palmipèdes : cygnes, oies, canards, mouettes, pelicans.

Gallinacés : faisan, coq, paon, dindon.

Pigeons.

Oiseaux coureurs impropres au vol : autruche, nandou, casoar.

Classe des reptiles, — Formes diverses.

Tortues ; crocodiles et lézards ; serpents.

Classe des batraciens.—Peau nue. Avec ou sans queue.

Métamorphoses de la grenouille.

Venin du crapaud.

Classe des poissons. — Vie et respiration aquatiques ; ouïes.

Mode de progression, queue, nageoires ; écailles.

Poissons osseux. La morue ; pêches de Terre-Neuve, salaison ; le hareng ; le maquereau ; la sardine, pêche des côtes de Bretagne.

Poissons cartilagineux : la raie et les requins. — Poissons électriques : la torpille.

Pisciculture.

ARTICULÉS.

Division : insectes, mille-pattes, araignées, crustacés.

Insectes.—Organisation (notions sommaires) ; nombre des pattes ; ailes ; métamorphoses.

Disposition des mâchoires.

Insectes suceurs : puceron, phylloxera ; punaise ; cochenille, carmin, galles des arbres.

Insectes lumineux : vers luisants.

Insectes chanteurs : la cigale, la sauterelle, le grillon.

Papillon, histoire du ver à soie ; chenilles ; mues ; chrysalides ; cocons ; maladies des vers à soie.

Petits papillons : teignes, pyrale.

Coléoptères : hanneton, calandres, cerf-volant.

Fourmis ; mœurs ; termites, éphémères.

Abeilles : la ruche, le miel, la cire.

Insectes n'ayant que deux ailes : mouche, larve; cousin.

Crustacés aquatiques. — Le crabe, l'écrevisse, la crevette.

Organisation de l'écrevisse (notions sommaires).

Crustacés terrestres : cloportes.

Araignées. — Nombre des pattes ambulatoires : crochets, fil, toile, instincts.

Scorpions.

Animal de la gale ; animaux parasites ; mites du fromage.

MOLLUSQUES.

Le poulpe ; organisation (notions sommaires). Os de seiche. Argonaute. Limace, escargot (anatomie sommaire : poumon, coquille, opercule).

L'huître et la moule ; coquille à deux valves ; adhérence aux corps extérieurs ; ostréiculture.

Huître perlière, nacre ; perles, pêches, fausses perles.

Le taret et les digues.

VERS.

Ver de terre, sangsue.

Vers intestinaux : ascaride, ténia. Trichine.

ANIMAUX RAYONNÉS.

Apparence rayonnée des oursins et des étoiles de mer.

Les méduses, les anémones de mer ; urtication.

Les polypiers et leurs animaux, le corail, les îles madréporiques.

Notions élémentaires sur les éponges, pêche.

Notions très élémentaires sur les animaux dits *infusoires* ; phosphorescence de la mer.

Idée générale des groupements zoologiques. Types.

Dessin.

(2 heures, en dehors des 22 heures réglementaires.)

Voir le programme de la classe de Sixième, page 33.

CLASSE DE QUATRIÈME.

(TREIZE ANS.)

Langue française, 3 heures de classe par semaine; — Langue latine, 6 heures; — Langue grecque, 6 heures; — Langues vivantes, 2 heures, dont 1 heure prise sur l'étude; — Histoire, 2 heures; — Géographie, 1 heure; — Sciences, 3 heures; — Dessin, 2 heures (en dehors des 22 heures réglementaires).

Langue française.

(3 heures.)

Lecture, Explication et Récitation d'auteurs français.

Notions d'étymologie française. Lois qui ont présidé à la formation des mots français. Mots d'origine populaire et mots d'origine savante.

Morceaux choisis de prose et de vers des Classiques français.

Madame de Sévigné : *Lettres choisies.*

Voltaire : *Charles XII.*

Racine : *Athalie.*

Boileau.

Exercices de langue française et d'orthographe.

Notions sommaires d'histoire littéraire, à l'occasion des auteurs expliqués.

Compositions en français.

Programme d'enseignement de la Langue française.

[Ce programme doit être considéré comme un sommaire des notions que l'élève devra posséder à la fin de l'année. Il est entendu que les règles seront surtout enseignées par l'usage. Le professeur ne manquera aucune occasion de faire constater aux enfants qu'ils sont déjà en possession des différentes sortes de mots, et qu'ils appliquent instinctivement les règles de la grammaire. Il rattachera donc constamment son enseignement aux exemples fournis par le langage parlé ou écrit.]

Revision.

Notions élémentaires sur l'histoire de la langue française. — Mots d'origine populaire, savante, étrangère

— Persistance de l'accent tonique dans les mots d'origine populaire. — Mots tirés du latin par les savants, souvent en opposition avec les règles de l'accent tonique. — Doublets.

Différences essentielles de la construction française et de la construction latine.

Composition sur des sujets à développer librement.

Langue latine.

(6 heures.)

Grammaire latine : revision. Continuation des exercices sur le vocabulaire.
Éléments de Prosodie latine.

Explication et Récitation d'auteurs latins.
César : *de Bello Gallico*.
Quinte-Curce.
Virgile : *Énéide* (livres I et II).
Ovide : *Métamorphoses*.

Thème latin, oral et écrit.
Version latine.
Éléments d'histoire littéraire, à l'occasion des textes expliqués.

Programme d'enseignement de la Langue latine.

[Ce programme doit être considéré comme un sommaire des notions que l'élève devra posséder à la fin de l'année, et non comme une indication de la marche à suivre par le professeur.]

Revision du cours de cinquième (page 36) en insistant sur la syntaxe particulière. — Gallicismes et latinismes. — Principales figures de grammaire.

Continuation des exercices sur le vocabulaire.

Thème oral et écrit. La construction latine comparée à la construction française. Exemples tirés des écrivains.

Explication des auteurs. Les élèves seront encouragés à faire en dehors de la classe des lectures supplémentaires : les auteurs de l'année précédente peuvent être employés pour cette lecture privée.

Éléments d'histoire littéraire à l'occasion des textes expliqués : ces notions trouveront surtout leur place au moment où la classe prend en main un auteur nouveau.

Revision générale de la prosodie. — Vers hexamètres et pentamètres à retourner.

Règles de l'accent tonique.

Langue grecque.

(6 heures.)

Grammaire grecque : premiers éléments.
Textes faciles. Chrestomathie.
Version grecque.

Programme d'enseignement de la Langue grecque.

Lecture. — Écriture. — Voyelles brèves et longues. — Diphtongues. — Accent tonique. Les élèves seront exercés à le noter par écrit et à le faire sentir dans la prononciation. — Différentes sortes de consonnes. — Esprits.

Déclinaison. — Adjectifs. — Degrés de comparaison. — Noms de nombre. — Pronoms. — Verbe substantif. — Verbes en ω à l'actif, au passif et au moyen.

Éléments de la syntaxe.

Exercices sur le vocabulaire d'après les mêmes principes que pour le latin. (Voir le programme de la cinquième pour le latin, p. 36.)

Distinguer les mots grecs et latins d'origine commune de ceux que le latin a tirés du grec par voie d'emprunt. — Insister sur les mots grecs qui ont passé en français.

Thème instantané. — Traduction de mémoire en grec des morceaux expliqués.

Langues vivantes (allemand ou anglais).

(2 heures, dont 1 heure prise sur l'étude.)

Grammaire; continuation.

Explication et Récitation d'auteurs.
Exercices de lecture et de conversation.
Thème.
Version.

Auteurs indiqués.

Allemands.

Morceaux choisis.
Lessing : *Fables.*
Une comédie en prose (Bénédix : Théâtre de famille).
Kotzebue : *la Petite Ville allemande ; Paysan et Citadin*
Lessing : *Minna de Barnhelm.*

Anglais.

Morceaux choisis.
Daniel de Foë : *Robinson Crusoé.*
Irving : *Voyages de Christophe Colomb.*
Pope : *la Forêt de Windsor.*
Miss Corner : *Histoire de Rome.*

Programme de Grammaire.

Grammaire allemande. — Revision. — Complément
des études syntaxiques. — Insister sur les points suivants : emploi des modes et des auxiliaires de modes;
emploi ou rejet de la préposition devant l'infinitif;
cas régis par certaines classes de verbes. — Syntaxe
des prépositions et des conjonctions.
Grammaire anglaise. — Fin de la syntaxe. — Formation des mots. — Mots simples, dérivés, composés.

Histoire.

(2 heures.)

Histoire romaine.

Programme d'Histoire.

Histoire romaine.

Géographie de l'Italie. Anciennes populations. Les Étrusques. Les colonies grecques.

Fondation de Rome. Institutions primitives : le patriciat, la plèbe, la clientèle. Les rois et le sénat. Notions sur la religion romaine.

Abolition de la royauté. Le consulat. La dictature. Lutte entre les deux ordres. Le tribunat. Comices par curies, par centuries et par tribus.

Législation des décemvirs. La censure, la préture. Égalité entre les deux ordres et formation de la noblesse.

Histoire extérieure de Rome; énumération rapide des guerres contre les Latins, les Sabins, les Étrusques, les Gaulois, les Samnites, Pyrrhus. — Organisation militaire des Romains; colonies romaines. — Guerres contre Carthage. — Conquêtes en Orient; réduction de la Macédoine et de la Grèce en provinces et acquisition du royaume de Pergame. — Conquêtes en Occident; formation des provinces de Gaule Cisalpine, d'Espagne, de Gaule Narbonnaise. — Jugurtha. — L'invasion des Cimbres. — Guerres contre Mithridate. — Mode d'administration des provinces sous le gouvernement républicain.

Histoire intérieure de Rome. Conséquences des conquêtes. Puissance de la noblesse et richesse de l'ordre équestre. L'*Ager publicus*. Les lois agraires. Tentative de Tibérius Gracchus. Loi judiciaire et loi frumentaire de Caïus Gracchus.

Guerre sociale. Extension du droit de cité à l'Italie; le *jus Latii* et le *jus Italicum*.

Guerre civile de Marius et de Sylla; lois cornéliennes. Sertorius. Spartacus.

Pompée. Cicéron. La loi de Rullus. Catilina.

Premier triumvirat. Consulat de César.

Conquête de la Gaule. Guerre civile. Dictature de César; ses réformes et ses projets.

Octave et Antoine; fin du gouvernement républicain.

Auguste. Organisation du gouvernement nouveau. Administration des Provinces. Bornes de l'Empire.

Lettres et arts à Rome depuis la mort de Sylla jusqu'à la mort d'Auguste. Monuments, commerce et routes.

Empereurs de la famille d'Auguste. Premières luttes contre les Germains. Conquête de la Bretagne.

Les *Flavii*. Ruine de Jérusalem. Conquête de Trajan. Hadrien.

Les Antonins. Gouvernement intérieur; le sénat et le consistoire. Administration des provinces. Les grands jurisconsultes. Extension du droit de cité romaine. Lettres et arts depuis la mort d'Auguste jusqu'au règne de Marc-Aurèle. Développement du Christianisme.

Les empereurs syriens. Anarchie militaire. Aurélien. Probus.

Dioclétien. Changement dans le gouvernement et dans l'administration.

Constantin. Fondation de Constantinople. Concile de Nicée; organisation de l'Église chrétienne.

Tentative de Julien. Lutte contre les Germains et les Perses. Règne de Théodose.

Géographie.

(1 heure.)

Géographie de la France.

.3

Programme de Géographie.

Géographie de la France.

(Exercices de lecture et de dessin de la carte de France : longitude, latitude, échelle, réduction, hachures, courbes de niveau.)

Configuration et dimensions de la France ; superficie.

Mers et côtes ; golfes, îles, presqu'îles, caps, dunes, falaises, plages, côtes rocheuses, marais salants, lagunes, principaux ports.

Frontières de terre et de mer ; pertes territoriales de la France en 1871.

Relief du sol : chaînes de montagnes, massifs, plateaux et plaines (altitude, neiges perpétuelles, glaciers.)

Eaux : versants et bassins, fleuves et affluents, lacs, étangs, marais.

Climats et principales productions.

Géographie politique : anciennes provinces, départements, chefs-lieux, villes importantes.

Canaux. — Principales lignes de chemins de fer.

Algérie. — Possessions coloniales de la France.

Sciences.

(3 heures.)

Arithmétique : théories les plus simples.

Géométrie plane : premiers éléments.

Géologie et Botanique.

Programme d'Arithmétique[1].

Revision.

Théories de l'addition, de la soustraction, de la multiplication des nombres entiers.

Théorèmes les plus simples relatifs à la multiplication.

[1]. 2 heures par semaine pour l'Arithmétique et la Géométrie.

3.

Théorie de la division des nombres entiers.
Caractères de divisibilité par 2, 5, 4, 9 et 3.
Carré et racine carrée. — Formation d'une table de carrés.

Programme de Géométrie.

Ligne droite et plan.
Ligne brisée. — Ligne courbe.
Angle. — Angle droit. — Perpendiculaire.
Triangle. — Cas principaux d'égalité des triangles.
Principales propriétés des perpendiculaires et des obliques.
Cas d'égalité des triangles rectangles.
Théorie des parallèles. — Parallélogrammes.
Circonférences. — Intersection et contact.
Dépendance mutuelle des cordes et des arcs.
Tangente.
Mesure des angles.

Programme de Géologie.

(A.) — Modification continue du sol.

Dégradation des roches par l'action de l'eau et de l'air. Recul des falaises de la Manche. — Creusement des vallées. — Dépôts de sable, de vase. — Formation des deltas. — Désagrégation des roches granitiques; argile, kaolin.

Glaciers. — Moraines. — Blocs erratiques.

Dunes.

Sources thermales; leurs dépôts. — Origine des filons métallifères.

Volcans. — Origine des filons de roches. — Métamorphisme de contact.

Soulèvements et affaissements lents.

Tremblements de terre. — Failles.

(B.) — Notions sur les principales roches, les principaux terrains et les principales périodes géologiques.

Roches ignées fondamentales. — Roches stratifiées ou de sédiment. — Roches ignées intercalées.

Utilité des fossiles (animaux et végétaux) pour caractériser les terrains et les étages. — Mollusques d'eau douce; mollusques marins.

Terrains primaires et de transition.

Mollusques, crustacés et poissons.

Terrain silurien. — Ardoises.

Terrain dévonien. — Marbres des Pyrénées.

Terrain houiller. — Distribution des dépôts houillers. — Origine et exploitation de la houille.

Terrains secondaires.

Ammonites. — Bélemnites. — Grands reptiles. — Premiers mammifères.

Terrain triasique. — Amas de sel gemme et de gypse.

Terrains jurassiques. — Marbres compacts, calcaires oolithiques.

Terrain crétacé. — Nature de la craie. — Nodules de silex, de pyrite et de phosphate de chaux.

Terrains tertiaires.

Nummulites et cérithes. — Mammifères.

Pierre à plâtre de Paris. — Faluns de Touraine et d'Aquitaine. — Volcans éteints de l'Auvergne.

Terrains quaternaires.

Diluvium. — Période glaciaire. — Apparition des animaux et des végétaux actuels. — Homme préhistorique; cavernes à ossements; armes et instruments primitifs.

Étude de la carte géologique de France dans ses traits principaux. — Histoire de la formation du sol de la France.

Programme de Botanique.

Le professeur considérera successivement dans la série végétale :

La *racine* ;

La *tige* ;

La *feuille* et les stipules ;

Les glandes, les poils, les vrilles, les calicules ; les involucres ; l'inflorescence, le calice, la corolle, les étamines envisagées notamment dans leur nombre, leur position ou symétrie, leur insertion ; le pistil et ses parties diverses (ovaires, styles, stigmates, placentas, ovules), le fruit et la graine.

Sans approfondir les questions de physiologie végétale, le professeur devra cependant indiquer d'une façon sommaire les fonctions des diverses parties des plantes, après qu'il en aura décrit les caractères organographiques.

Il fera comprendre, par des exemples, ce qu'on entend par embranchement, classe, famille, tribu, genre, espèce, variété. Il prendra comme types les familles les plus importantes ou les plus remarquables par leur organisation, par les avantages ou les dangers que présentent les espèces qui les composent. Ces familles devront être choisies dans la liste suivante.

I. PHANÉROGAMES.

Dicotylédones.

Gamopétales hypogynes.

Apocynées. — Poisons redoutables dans la tribu des strychnées.

Convolvulacées. — Racines ordinairement purgatives, alimentaires dans la patate.

Solanées. — Généralement vénéneuses (tabac, belladone, mandragore, jusquiame, *etc.*); alimentaires dans la pomme de terre, l'aubergine, la tomate.

Scrofularinées. — Toxiques (digitale) ; purgatives (gratiole ou herbe au pauvre homme) ou inertes (muflier, véronique) ; toute une tribu (rhinanthacées) formée d'espèces parasites sur les céréales ou les graminées des prairies.

Borraginées ou *aspérifoliées*. — Remarquables par leur inflorescence scorpioïde; racines souvent tinctoriales.

Labiées. — Aromatiques riches en huiles essentielles ; objet d'un commerce important (menthe, lavande, *etc.*).

Primulacées. — L'anagallis passe pour vénéneux, ainsi que la nummulaire ; l'oreille-d'ours des Alpes et la primevère à grandes fleurs sont ornementales.

Gamopétales périgynes.

Rubiacées. — Elles donnent le café, le quinquina, la garance.

Synanthérées. — Plusieurs espèces sont alimentaires (artichaut, cardon, scorsonère, laitues et chicorées); les graines huileuses du grand soleil servent à engraisser les volailles, celles du *madia sativa* sont l'objet d'un important commerce.

Campanulacées. — Plusieurs espèces ornementales, d'autres alimentaires. La tribu des lobéliacées renferme des sucs d'une brûlante âcreté.

Caprifoliacées. — Plantes surtout ornementales.

Dialypétales.

Ombellifères. — Plantes ordinairement aromatiques et alimentaires (carotte, panais, persil, cerfeuil, angélique), parfois d'odeur désagréable et malfaisante : la petite (souvent spontanée dans nos jardins) et la grande ciguë, l'œnanthe safranée, *etc.*

Cucurbitacées. — Doux aliments (potiron, melon, concombre) ou dangereux purgatifs (bryone, coloquinte, élatérie).

Légumineuses. — Aliments importants pour l'homme (pois, fèves, haricots, *etc.*) et les animaux (trèfle, luzerne, *etc.*); donnent les gommes arabique et du Sénégal; parfois violents poisons (fève du Calabar).

C'est aux légumineuses qu'appartiennent les plantes

les plus remarquables par les phénomènes de sommeil et d'irritabilité que présentent leurs feuilles (sensitive, *etc.*).

Rosacées. — Elles donnent la plupart des fruits des vergers et des jardins (pomme, poire, pêche, abricot, amande, prune, cerise, fraise, framboise); les plus belles plantes ornementales (rosier, spirées, *etc.*); le laurier-cerise, le pêcher, le cerisier de Sainte-Lucie donnent un poison terrible, l'acide prussique, et de l'essence d'amandes amères par leurs feuilles; la pêche, la cerise, la prune, l'abricot, l'amande amère, renferment ce poison dans leurs graines.

Rutacées. — Plantes odorantes; telle est l'abondance de la vapeur d'huile essentielle exhalée par la fraxinelle, qu'elle peut être enflammée par une allumette approchée des fleurs.

Aurantiacées. — Fruits alimentaires; glandes à essence dans toutes les parties de la plante.

Malvacées. — Plantes ornementales, d'autres alimentaires. La tribu des byttnériacées donne le cacao.

Géraniacées. — Ornementales; quelques espèces fournissent en abondance une essence à odeur de rose très utilisée.

Caryophyllées. — Ornementales; principe savonneux; la nielle des blés est vénéneuse.

Crucifères. — Essence sulfo-azotée; alimentaires (chou, radis); oléifères (colza).

Papavéracées. — Opium, huile d'œillette.

Polygonées. — Fruits alimentaires (sarrasin); feuilles acidulées par le bioxalate de potasse (oseille); racines purgatives (rhubarbe) ou riches en tannin (bistorte).

Renonculacées. — Ornementales (anémone, adonis, renoncule d'Asie, clématite, acqnit, rose de Noël, dauphinelle, *etc.*); âcres et dangereuses (ellébore, aconit, *etc.*).

Apétales.

Euphorbiacées. — Plante à suc laiteux très âcre, graines purgatives (ricin, croton, *etc.*).

Urticées. — Écorces textiles (chanvre, ortie de Chine, *etc.*); fruits alimentaires (figue, mûre).

Amentacées. — Tous nos arbres forestiers à feuilles caduques, dits bois feuillus (chêne, hêtre, peuplier, saule, bouleau, aune, *etc.*).

Conifères (Gymnospermes). — Arbres forestiers, dits arbres verts pins, sapins); donnent des térébenthines, essences et résines. — Nombreuses espèces de fossiles.

Monocotylédones.

Liliacées. — Plantes ornementales (lis, tulipe, jacinthe, *etc.*); plusieurs alimentaires (oignons, asperges).

Narcissées. — Ornementales (jonquille, narcisse, amaryllis, *etc.*).

Iridées. — Ornementales; rhizomes souvent âcres ou odorants (iris de Florence).

Orchidées. — Presque toutes ornementales, surtout les *épidendres* ou filles de l'air, parfois alimentaires (salep, vanille).

Graminées. — Donnent les céréales et les prairies naturelles.

Palmiers. — Utilisations très variées.

II. CRYPTOGAMES.

Cryptogames vasculaires.

Coup d'œil sur les grandes espèces fossiles.

Équisétacées. — Épiderme de la tige silicifié, et utilisé pour le polissage des métaux (prèle d'hiver).

Lycopodiacées. — Les spores servent à produire les flammes sur les théâtres.

Fougères. — Ornementales; rhizomes et racines renommées contre le ténia.

Cryptogames cellulaires.

Mousses. — Ordinairement nitrifères, engrais riche en azote.

Lichens. — Quelques espèces alimentaires ou tinctoriales.

Algues. — Beaucoup d'espèces marines sont gélatineuses et alimentaires.

Champignons. — Aliments (truffe, oronge vraie, cèpe, agaric de couche, *etc.*) ou poisons (beaucoup d'amanites, *etc.*).

Dessin.

(2 heures, en dehors des 22 heures réglementaires.)

Programme.

§ 1er. — Dessin d'après des fragments d'architecture, tels que : chapiteaux, mascarons, griffes et griffons, masques de théâtre. — Vases, têtes décoratives d'animaux.

§ 2. — Dessin de l'ensemble et proportion de la figure humaine, d'après des estampes et d'après des bas-reliefs.

§ 3. — Étude et dessin des parties du corps humain. — Notions élémentaires d'anatomie. — Copie d'extrémités et de détails de la figure humaine d'après l'estampe et d'après la bosse.

APRÈS LA QUATRIÈME, EXAMEN DE PASSAGE.

3.

DIVISION SUPÉRIEURE.

CLASSE DE TROISIÈME[1].

(QUATORZE ANS.)

Langue française, 3 heures de classe par semaine ; — Langue latine, 5 heures ; — Langue grecque, 5 heures ; — Langues vivantes, 3 heures, dont 1 heure prise sur l'étude ; — Histoire, 3 heures ; — Géographie, 1 heure ; — Sciences, 3 heures ; — Dessin, 2 heures (en dehors des 22 heures réglementaires).

Langue française.

(3 heures.)

Étude de la langue française.
Lois qui ont présidé à la formation des mots français.
Notions d'étymologie française.
Prosodie française.

Lecture, Explication et Récitation d'auteurs français.
Morceaux choisis de prosateurs et de poètes français des XVIe, XVIIe, XVIIIe et XIXe siècles.
Bossuet : *Discours sur l'Histoire universelle* (5e partie).
Montesquieu : *Grandeur et décadence des Romains*.
Corneille : *Horace ; Cinna*.
Racine : *Andromaque ; les Plaideurs*.

Exercices et Compositions en français.
Analyses d'auteurs français.
Notions d'histoire de la littérature française.

1. Chaque année le professeur choisira, sur la liste officielle, pour les diverses classes, les ouvrages qui serviront soit à l'explication approfondie, soit à la lecture rapide des textes étudiés en classe. Une bibliothèque contenant tous les auteurs du programme sera mise, dans chaque classe, à la disposition des élèves internes et externes.

Langue latine.

(5 heures.)

Grammaire latine : revision.
Prosodie latine : exercices de métrique.

Explication et Récitation d'auteurs latins.
Cicéron : *pro Archia poeta*; *de Suppliciis*; *de Senectute*.
Salluste.
Tite-Live : livres XXI et XXII.
Virgile : *Églogues*; Épisodes des *Géorgiques*; *Énéide* (livres III, IV et V).
Version latine.
Thème.
Notions d'histoire de la littérature latine.
Analyses d'auteurs.

Langue grecque.

(5 heures.)

Continuation de la Grammaire grecque.
Groupement des mots soit par famille, soit par association d'idées. Mots primitifs et mots dérivés.

Récitation d'auteurs grecs.
Lucien : *Dialogues des Morts*.
Hérodote : Morceaux choisis.
Xénophon : *Anabase*.

Version grecque.
Notions d'histoire de la littérature grecque.

Langues vivantes (allemand ou anglais).

(3 heures, dont 1 heure prise sur l'étude.)

Grammaire : revision de la syntaxe; formation des mots.
Notions sommaires de Prosodie.

Explication et Récitation d'auteurs.
Exercices de lecture et de conversation.
Thème.
Version.
Notions d'histoire littéraire à propos des morceaux
expliqués.

Auteurs indiqués.

Allemands.

Morceaux choisis.
Gœthe : *Campagne de France.*
Chamisso : *Pierre Schlemihl.*
Auerbach : *Récits villageois de la Forêt-Noire.*
Schiller : *Guillaume Tell; Marie Stuart.*

Anglais.

Morceaux choisis.
Macaulay : *Histoire d'Angleterre,* I.
Walter Scott : Un roman.
Shakspeare : *Jules César.*
Dickens : *Histoire d'Angleterre.*

Programme de Grammaire.

Grammaire allemande. — Revision (particulièrement de
la syntaxe). Formation des mots. — Mots simples,
dérivés et composés. — Prosodie (notions sommaires).
Grammaire anglaise. — Revision de la syntaxe. —
Idiotismes. — Proverbes. — Règles générales de la
prosodie.

Histoire.

(3 heures.)

Histoire de l'Europe et particulièrement de la France de
395 à 1270. — On insistera sur les institutions.

Programme d'Histoire.

Histoire de l'Europe, et particulièrement de la France du cinquième siècle à la fin du treizième siècle (395-1270).

La Gaule avant la conquête romaine. — La Gaule sous l'empire romain : administration provinciale et municipale; condition des personnes; le colonat. — Écoles, monuments, civilisation. Le Christianisme, l'épiscopat.

Les Germains : leurs invasions, énumération des États qu'ils ont fondés.

Les Francs : Clovis, Clotaire II, Dagobert. — Gouvernement et institutions de l'époque mérovingienne. Notions sur les lois barbares; la loi salique.

L'empire romain d'Orient. Justinien : son œuvre législative.

Mahomet. L'islamisme et le califat. Éclat de la civilisation arabe.

Pépin d'Héristal. Charles-Martel. Pépin le Bref.

Charlemagne : ses guerres; rétablissement de l'Empire. Gouvernement et institutions de l'époque carolingienne. Capitulaires.

Louis le Pieux. Traité de Verdun.

Charles le Chauve. Les Normands. Démembrement de l'Empire en royaumes, et de la France en grands fiefs.

Le régime féodal.

L'Église : épiscopat; papauté; conciles; ordres religieux.

L'Empire : Othon le Grand. Les Franconiens. La querelle des investitures; Grégoire VII.

Les Croisades. Le royaume de Jérusalem. Les Assises L'Empire latin de Constantinople.

Alexandre III et Frédéric Barberousse. Innocent III. Guerre des Albigeois.

Innocent IV et Frédéric II. La maison d'Anjou en Italie.

Conquête de l'Angleterre par les Normands. Henri II. La grande Charte. Henri III.

Progrès des populations urbaines et rurales; tendance à l'affranchissement; les communes.

Progrès du pouvoir royal en France. Louis VI et Louis VII. Philippe-Auguste. Son gouvernement.

Règne de saint Louis.

Les arts, les lettres, les écoles aux douzième et treizième siècles; le commerce et l'industrie.

Tableau des États de l'Europe en 1270.

Géographie.

(1 heure.)

Géographie physique, politique et économique de l'Europe (moins la France).

Programme de Géographie.

I. — *Étude générale.*

Bornes et superficie de l'Europe. — Configuration de l'Europe. — Les mers; description des côtes.

Relief du sol; variété des formes. — Systèmes orographiques : constitution géologique. — Les plateaux et les plaines.

Fleuves et rivières. — Principaux centres de distribution des eaux. — Principaux groupes de lacs.

Lignes isothermes, vents et pluies; climats maritimes et continentaux. — Rapports de la végétation et du climat : flore méditerranéenne; steppes; forêts du Nord. — Limites climatériques de l'olivier, de la vigne, des céréales, de la végétation arborescente.

II. — *Description particulière des États.*

Étudier pour chaque État les traits caractéristiques de la géographie physique, la géographie politique, les divisions administratives ou historiques les plus importantes, les villes principales, la géographie économique (agriculture, mines, industrie, voies de communication, commerce), la population, la race, la langue, la religion.

Résumé comparatif. — Superficie comparée des États. — Productions et commerce. — Densité des populations. — Races. — Langues. — Religions. — Forces militaires.

Sciences.

(3 heures.)

Complément d'Arithmétique et de Géométrie plane.

Premiers éléments du calcul algébrique.

Physique : pesanteur ; équilibre des liquides; chaleur.

Programme d'Arithmétique[1].

Revision.
Plus grand commun diviseur et plus petit commun multiple.
Application au calcul des fractions.
Nombres premiers.
Conversion d'une fraction ordinaire en fraction décimale.

Programme d'Algèbre.

Notions très succinctes sur la représentation des grandeurs par des lettres et sur les opérations algébriques.
Équation du premier degré à une inconnue. — Application. — Problèmes sur le mouvement uniforme.

Programme de Géométrie.

Revision.
Lignes proportionnelles.
Similitude.

1. 2 heures par semaine pour l'Arithmétique, la Géométrie et l'Algèbre.

Relation entre les côtés du triangle rectangle.

Propriétés des cordes, des sécantes et des tangentes issues du même point.

Polygones réguliers. — Carré ; hexagone.

Rapport de la circonférence au diamètre.

Mesure des aires : rectangle, parallélogramme, triangle, trapèze.

Polygone circonscrit. — Aire du cercle.

Rapport des aires de deux figures semblables.

Programme de Physique[1].

Pesanteur. — Équilibre des liquides. — Chaleur.

Définition et exemples de mouvements uniformes et de mouvements variés. — Inertie.

Divers états de la matière.

Pesanteur.

Direction de la pesanteur. — Centre de gravité.

Poids. — Balances.

Chute des corps.

Équilibre des liquides et des gaz.

Surface libre des liquides en équilibre.

Vases communiquants ; applications.

Pressions sur les parois des vases.

Principe d'Archimède. — Poids spécifiques. — Notions sur les aréomètres à poids constant.

Presse hydraulique.

Pesanteur de l'air. — Baromètre à cuvette et à siphon.

Loi de Mariotte.

Machines pneumatiques. — Pompes. — Siphon.

Aérostats.

1. Une heure par semaine.

Chaleur.

Dilatation des corps par la chaleur.
Thermomètre. — Définition du degré.
Fusion. — Solidification.
Vaporisation. — Vapeurs saturantes et non saturantes
  —Maximum de tension.
Définition de l'état hygrométrique. — Pluie. — Neige.
  — Rosée.
Évaporation. — Ébullition. — Distillation.
Notions expérimentales de calorimétrie.
Machine à vapeur.
Conductibilité.

Dessin.

(2 heures, en dehors des 22 heures réglementaires.)

Programme[1].

§ 1er. —Dessin d' après des fragments d'architecture.
—Figures décoratives. — Cariatides. — Vases ornés de
figures. — Frises ornées. — Ensemble et détails de
l'ordre dorique, de l'ordre ionique et de l'ordre corin-
thien.

§ 2. — Dessin de la figure humaine et des animaux
d'après l'estampe et surtout d'après la ronde bosse.

Nota. — Les photographies ne peuvent être admises
comme modèles qu'autant qu'elles reproduisent des dessins
de maîtres.

1. Ce programme est commun aux classes de Troisième et de
Seconde.

CLASSE DE SECONDE.

(QUINZE ANS.)

Langue française, 4 heures de classe par semaine; — Langue latine, 4 heures; — Langue grecque, 5 heures; — Langues vivantes, 3 heures, dont 1 heure prise sur l'étude; — Histoire, 3 heures; — Géographie, 1 heure; — Sciences, 3 heures; — Dessin, 2 heures (en dehors des 22 heures réglementaires).

Langue française.

(4 heures.)

Étude de la langue française. Lois qui ont présidé à la formation des mots français.

Explication et Récitation d'auteurs français.
Morceaux choisis de prosateurs et de poètes des XVIe, XVIIe, XVIIIe et XIXe siècles.
Chanson de Roland.
Joinville.
Montaigne : Extraits.
Corneille : *le Cid; Nicomède.*
La Bruyère.
Racine : *Iphigénie.*
Bossuet : *Oraisons funèbres.*
Molière : *l'Avare; les Femmes savantes.*
La Fontaine : *Fables* (les six premiers livres).

Exercices et Compositions en français.
Analyses d'auteurs français.
Histoire sommaire de la littérature française jusqu'à la mort de Henri IV.

Langue latine.

(4 heures.)

Explication et Récitation d'auteurs latins.
Exercices de prosodie et de métrique.

Tite-Live : livres XXIII, XXIV et XXV.
Cicéron : *Catilinaires; le Songe de Scipion.*
Tacite : *Vie d'Agricola; Annales* (livres I, II et III.)
Virgile : *Énéide* (livres VI, VII et VIII).
Horace : *Odes.*

Version latine.
Exercices latins.
Notions d'histoire de la littérature latine.

Langue grecque.

(5 heures.)

Revision de la grammaire.

Récitation d'auteurs grecs.
Continuation des exercices sur le vocabulaire grec.
Homère : *Odyssée* (livres I, II, VI, XI et XII.)
Xénophon : *Cyropédie; Économique.*
Hérodote : Morceaux choisis.
Plutarque : *Vie d'Alexandre; Vie de Démosthène; Vie de Cicéron.*
Euripide : *Iphigénie à Aulis; Hécube; Alceste.*

Version grecque.
Notions d'histoire de la littérature grecque.

Langues vivantes (allemand ou anglais).

(3 heures, dont 1 heure prise sur l'étude.)

Revision de la grammaire : idiotismes.

Explication et Récitation d'auteurs.
Exercices de lecture et de conversation.
Thème écrit et thème oral.
Version.
Compositions.
Notions d'histoire littéraire, à propos des morceaux expliqués.

Auteurs indiqués.

Allemands.

Morceaux choisis.

Gœthe : *Gœtz de Berlichingen; Voyage en Italie; Hermann et Dorothée.*

Schiller : *Wallenstein; Poésies lyriques; Soulèvement des Pays-Bas.*

Hauff : *Lichtenstein.*

Anglais.

Morceaux choisis.

Dickens : *David Copperfield.*

W. Irving : *Livre d'esquisses.*

Goldsmith : *le Village abandonné; le Voyageur.*

Shakspeare : *Macbeth.*

Walter Scott : un roman.

Programme de Grammaire.

Grammaire allemande. — Idiotismes. — Proverbes. — Continuation de l'étude de la prosodie.

Grammaire anglaise. — Revision de la syntaxe. — Prosodie anglaise. — Sources du vocabulaire : l'anglo-saxon et le normand.

Histoire.

(3 heures.)

Histoire de l'Europe et particulièrement de la France de 1270 à 1610. — On insistera sur les institutions.

Programme d'Histoire.

Histoire de l'Europe, et particulièrement de la France depuis 1270 jusqu'à 1610.

Philippe le Bel; caractère nouveau du gouvernement; les légistes; les premiers états généraux; lutte contre

Boniface VIII; condamnation des Templiers; soulèvement de la noblesse en 1314. — Les trois fils de
Philippe le Bel.

Première partie de la guerre de Cent ans. — Les états
généraux et Étienne Marcel. — La Jacquerie. —
Charles V et Duguesclin; guerres et gouvernement;
Paris au quatorzième siècle.

Allemagne. — Avènement des Habsbourg; affranchissement de la Suisse; la Bulle d'Or; la Hanse.

Déclin du moyen âge. Commencement de là Renaissance en Italie; Dante, Giotto, Pétrarque.

La poudre à canon; la boussole; le papier.

Les papes à Avignon; le grand schisme d'Occident;
Wiclef en Angleterre; agitations en Europe.

Deuxième partie de la guerre de Cent ans. — Charles VI;
rôle de la maison de Bourgogne; Charles VII et
Jeanne d'Arc; traité d'Arras.

Institutions de Charles VII; armée permanente; Prag-
matique de Bourges. — Mœurs; la chevalerie nouvelle; la cour de Bourgogne. — Guerre des Hussites.
Fin du grand schisme d'Occident.

Démembrement de l'Empire d'Orient; Slaves et Hon-
grois; les Turcs en Europe; la Moscovie, Ivan III.

Nouveaux progrès du pouvoir monarchique. — France;
Louis XI et Charles le Téméraire; gouvernement et
institutions; Charles VIII et Anne de Beaujeu. États
généraux de 1484.

Angleterre: avènement des Tudors; la Constitution
anglaise à la fin du quinzième siècle.

Formation du royaume d'Espagne; Ferdinand et
Isabelle. Découvertes maritimes; Christophe Colomb;
les Portugais aux Indes; les Espagnols en Amérique.

État de l'Italie. — Les Médicis à Florence. — Guerres
d'Italie, Louis XII, les papes Jules II et Léon X.

Rivalité de la France et de la maison d'Autriche;
François Ier et Charles-Quint; Henri VIII; Soliman;
Henri II. Acquisition des Trois-Évêchés; paix de
Cateau-Cambrésis.

Gouvernement et institutions de la France, de
Charles VIII à François II : l'administration; l'armée;
la justice; les finances; le concordat.
La Renaissance. — Invention de l'imprimerie. — Les
arts et les lettres en Italie : Brunelleschi ; Machiavel
l'Arioste, le Tasse; les écoles italiennes : Léonard
de Vinci, Raphaël, Michel-Ange. — Flandre et Allemagne : les Van Eyck; Érasme; Durer; Copernic.
— France : le cardinal d'Amboise; le Collège de
France; Rabelais, Ronsard, Montaigne; l'école de
Fontainebleau; Jean Goujon, Philibert Delorme.
La Réforme en Suisse, en Allemagne et dans les États
scandinaves. — Zwingle et Luther; paix d'Augs-
bourg; Calvin à Genève.
Angleterre. — Henri VIII, Élisabeth et Marie Stuart.
Le concile de Trente; la Société de Jésus; guerres reli-
gieuses; Philippe II, son rôle en Europe; affranchis-
sement des Provinces-Unies; Guillaume le Taciturne.
Commencements de la Réforme et guerres de religion en
France. — Charles IX; le chancelier de L'Hôpital; les
Guises; les états généraux; Henri III et la Ligue.
Henri IV et Sully. — Édit de Nantes. — Administration
et politique. — État de l'Europe en 1610.

Géographie.

(1 heure.)

Géographie physique, politique et économique de
l'Afrique, de l'Asie, de l'Amérique et de l'Océanie.
Étude générale des voies de communication de terre
et de mer. Indication des grands centres de production
et de commerce.

Programme de Géographie.

Géographie de l'Afrique, de l'Asie, de l'Océanie et de l'Amérique.

GÉOGRAPHIE GÉNÉRALE : Globe et planisphère. — Construction des cartes géographiques. — L'atmosphère : vents alizés et vents variables, moussons, cyclones. — Distribution de la pluie. — Lignes isothermes; climats : végétaux.

La mer, marées, courants. — Le fond des mers, température, vie sous-marine. — Régions polaires.

Les continents. — Comparaison des principaux traits de la géographie physique dans les cinq parties du monde. — Montagnes, plateaux et plaines; fleuves.

Les races humaines.

Histoire sommaire des découvertes géographiques.

AFRIQUE, ASIE, OCÉANIE, AMÉRIQUE : Relief du sol; fleuves, lacs; régions naturelles. — Populations, émigrations, langues et religions. — Principaux États. — Colonies européennes.

Géographie économique : productions les plus importantes de l'agriculture, des mines, de l'industrie. — Commerce; principaux ports. — Voies de communication par terre et par mer.

Insister sur l'Égypte, l'empire des Indes, l'Indo-Chine, la Chine et le Japon, l'Asie russe, les États-Unis, le Brésil, les colonies britanniques et néerlandaises.

Relations commerciales des cinq parties du monde. — Grandes lignes de navigation à vapeur et de télégraphie électrique.

Sciences.

(3 heures.)

Algèbre.

Géométrie dans l'espace, sauf les corps ronds.

Physique : optique; acoustique.

Programme d'Algèbre [1].

Revision. Résolution des équations du premier degré à une et à plusieurs inconnues.

Introduction dans les énoncés des quantités affectées de signes.

Résolution de l'équation du second degré.

Discussion de quelques problèmes de géométrie.

Problèmes sur le mouvement rectiligne uniformément varié. — Application au mouvement des corps pesants.

Programme de Géométrie.

Géométrie de l'espace.

Perpendiculaire et obliques à un plan.

Parallélisme des droites et des plans.

Angle dièdre. — Plans perpendiculaires.

Notions sur les angles trièdres et polyèdres.

Polyèdres. — Mesure des volumes : parallélipipède, prisme, pyramide.

Programme de Physique [2].

Acoustique.

Production du son. — Mode de propagation du son dans l'air. — Sa vitesse dans les gaz, les liquides et les solides.

Intensité. — Hauteur. — Intervalles musicaux.

Harmoniques. — Timbre.

Optique.

Vitesse de la lumière,

Lois de la réflexion. — Miroirs plans.

Miroirs sphériques concaves et convexes.

Réfraction. — Prismes.

---

1. 2 heures par semaine pour l'Algèbre et la Géométrie.
2. Une heure par semaine.

Lentilles. — Instruments d'optique.
Décomposition et recomposition de la lumière.
Couleurs complémentaires.
Spectre solaire.
Chaleur rayonnante.

Dessin.

(2 heures, en dehors des 22 heures réglementaires.)

Voir le programme de la classe de Troisième, page 65.

CLASSE DE RHÉTORIQUE.

(SEIZE ANS.)

Langue française, 5 heures de classe par semaine; — Langue latine, 4 heures; — Langue grecque, 4 heures; — Langues vivantes, 3 heures, dont 1 heure prise sur l'étude; — Histoire et Géographie, 4 heures; — Sciences, 3 heures; — Dessin, 2 heures (en dehors des 22 heures réglementaires).

Langue française.

(5 heures.)

Étude de la langue française. Composition et style.

Explication et Récitation d'auteurs.

Morceaux choisis de prosateurs et de poètes des XVIII⁰ et XIX⁰ siècles.)

Pascal : *Pensées; Provinciales* (I⁰, IV⁰ et XIII⁰.)
Bossuet : *Sermons choisis.*
La Bruyère.
Fénelon : *Lettre à l'Académie.*
Buffon : *Discours sur le Style.*
Voltaire : *Siècle de Louis XIV.* Lettres choisies.
Corneille : Théâtre.
Racine : Théâtre.

4

Molière : *Misanthrope; Tartufe.*
Boileau : *Art poétique.*
La Fontaine : *Fables* (les six derniers livres).

Discours ou Compositions en français.
Analyses littéraires d'auteurs français.
Histoire de la littérature française depuis l'avènement
  de Louis XIII.

Langue latine.

(4 heures.)

Explication et Récitation d'auteurs latins.
Cicéron : *pro Milone;* 2ᵉ *Philippique;* Choix de lettres.
Tite-Live (livres XXVI à XXX.)
Tacite : *Annales* (livres XIV et XV).
Pline : Choix de lettres.
Plaute : Extraits.
Térence : *Adelphes.*
Lucrèce : Extraits.
Virgile : *Énéide* (livres IX à XII).
Horace : *Épîtres.*

Version latine.
Composition latine.
Analyses littéraires d'auteurs latins.
Notions d'histoire de la littérature latine.

Langue grecque.

(4 heures.)

Explication et Récitation d'auteurs grecs.
Thucydide : Extraits.
Démosthène : *Philippiques; Discours sur la Couronne.*
Platon : *Criton; Apologie.*
Homère : *Iliade* (livres I, II, XVIII et XXII).

4.

Eschyle : Extraits.
Sophocle : *Œdipe roi; Œdipe à Colone; Antigone.*
Xénophon : *Mémorables.*
Aristophane : Extraits.

Version grecque.
Analyses littéraires d'auteurs grecs.
Notions d'histoire de la littérature grecque.

Langues vivantes (allemand ou anglais).

(3 heures, dont 1 heure prise sur l'étude.)

Du style.

Explication et Récitation d'auteurs.
Exercices de lecture et de conversation.
Thème écrit et thème oral.
Version.
Compositions.
Notions d'histoire littéraire, à propos des morceaux
expliqués.

Auteurs indiqués.

Allemands.

Morceaux choisis.
Lessing : *Dramaturgie de Hambourg.*
Gœthe : *Le Tasse; Iphigénie; Poésies lyriques.*
Schiller : *la Fiancée de Messine; Guerre de Trente ans.*

Anglais.

Morceaux choisis.
Dickens : *Nicolas Nickleby.*
Walter Scott : *les Puritains d'Écosse.*
Shakspeare : *Henri VIII; Richard III; Othello.*
Byron : *Childe Harold.*

Programme de Grammaire.

Allemand. — Revision générale de la grammaire.
Anglais. — Revision générale de la grammaire. — Langue de la poésie et langue de la prose.

Histoire et Géographie.

(4 heures.)

Histoire de l'Europe et particulièrement de la France, de 1610 à 1789.

Géographie physique, politique, administrative et économique de la France et de ses possessions coloniales.

Programme d'Histoire.

Histoire de l'Europe, et particulièrement de la France depuis 1610 jusqu'en 1789.

Louis XIII. — Troubles de la régence. États généraux de 1614.

Louis XIII et Richelieu. — Lutte contre les protestants. Intrigues et complots dans la noblesse et la famille royale. Accroissement de l'autorité monarchique. Marine et colonies.

Guerre de Trente ans. Paix de Westphalie. Progrès de la Hollande et de la Suède. Traité d'Oliva.

Les Stuarts en Angleterre. — Révolution de 1648. Olivier Cromwell. L'acte de navigation. Restauration des Stuarts.

Minorité de Louis XIV. — La Fronde parlementaire : la Chambre de Saint-Louis. La Fronde des princes. Guerre contre l'Espagne. Traité des Pyrénées. Toute-puissance de Mazarin.

Gouvernement personnel de Louis XIV. Procès de Fouquet. — Les Conseils. Les Secrétaires d'État.

Organisation financière. — Agriculture. Commerce. Industrie. Marine. Colonies. Réformes et travaux de Colbert. Institutions et fondations; les Ordonnances.

Organisation militaire. — Réformes de Letellier et de Louvois. Vauban.

Politique extérieure. — Lyonne et Pomponne. Guerre de dévolution. Guerre de Hollande. Paix de Nimègue. Chambres de réunion. Strasbourg. Trêve de Ratisbonne.

Affaires religieuses. — Déclaration de 1682. Révocation de l'édit de Nantes. Le jansénisme.

Révolution de 1688 en Angleterre. — Guillaume III. Déclaration des droits.

Guerre de la ligue d'Augsbourg. Traité de Ryswyck. — Guerre de la succession d'Espagne. Traités d'Utrecht et de Rastadt.

Fin du règne de Louis XIV. — Mémoires dressés par les intendants. Détresse financière. Testament et mort du roi.

Tableau des lettres, des arts et des sciences sous Richelieu et Louis XIV.

Lutte de la Suède et de la Russie. Charles XII et Pierre le Grand. État de l'Europe orientale après les traités de Carlowitz, de Passarowitz et de Nystadt.

Louis XV. — Régence du duc d'Orléans. Système de Law. Ministère du cardinal de Fleury. Guerre de la succession de Pologne.

Progrès de l'État prussien. Frédéric II. Guerre de la succession d'Autriche; Marie-Thérèse. Guerre de Sept ans.

Rivalité maritime et coloniale de la France et de l'Angleterre. Perte des colonies françaises. Traité de Paris.

Gouvernement de Louis XV. — La Cour, le Parlement, le Clergé. Le comte d'Argenson et Machault. Choiseul.

Le Triumvirat : réforme judiciaire du chancelier Maupeou.

Tableau des lettres, des arts et des sciences au dix-huitième siècle. Économistes et philosophes. Influence des idées françaises en Europe.

Mouvement de réforme en Europe. — Charles III d'Espagne. Pombal en Portugal. Joseph II en Autriche. Frédéric II en Prusse. Gustave III en Suède. Beccaria. Ferdinand de Toscane.

La Russie au dix-huitième siècle. — Catherine II. Démembrement de la Pologne. Guerre de la Russie contre la Suède et la Turquie.

L'Angleterre au dix-huitième siècle. — Gouvernement parlementaire. La presse, la tribune et les lettres. Conquêtes des Anglais dans l'Inde. Régime colonial. — Voyages et découvertes. Sciences et industrie.

Progrès et soulèvement des colonies d'Amérique. Guerre de l'indépendance des États-Unis. Traité de Versailles. Constitution américaine de 1787.

Louis XVI. — Turgot et Malesherbes. Réformes. Politique extérieure : Vergennes. Calonne et Brienne. Assemblée des notables. Necker. Convocation des états généraux.

Situation politique de l'Europe en 1789.

Programme de Géographie.

Géographie physique, politique, administrative et économique de la France et de ses possessions coloniales.

Position de la France. Description détaillée du sol français.

Les côtes. — Notions sommaires sur la constitution géologique du sol. — Système orographique : montagnes, plateaux et plaines. — Altitude moyenne des principales régions.

Régime des eaux. — Terrains perméables, imperméables. — Sources. = Climat : température, vents dominants, pluie.

Frontières : défenses naturelles et places fortes de la France et des pays limitrophes. — Ports militaires.

Langue et nationalité françaises. — Idiomes et dialectes.

Formation territoriale de la France. — Les anciennes provinces. — Organisation actuelle : commune, canton, arrondissement, département.

Pouvoirs publics. Administration centrale : les ministères. — Organisation des grands services de l'État.

Agriculture. — Zones de culture ; régions agricoles. — Principaux rapports de l'agriculture avec la géologie et le climat. — Produits. — Pêche.

Carrières et mines. — Industrie. — Rapports des diverses industries avec l'agriculture et avec les mines.

Routes, canaux, chemins de fer, postes, télégraphes, navigation fluviale et maritime. — Commerce : importation, exportation, transit. — Principaux centres de commerce et grandes villes.

Population : densité, mouvement de la population. — Influence de l'état physique ou économique des régions sur le groupement de la population.

Algérie : description physique, produits, voies de communication, commerce. — Relations avec la métropole et les pays voisins ; population ; colonisation ; administration.

Possessions coloniales de la France : description physique, production, navigation, pêche, commerce ; établissements pénitentiaires ; pays protégés. — Relations avec la métropole ; administration.

Sciences.

(3 heures.)

Géométrie : corps ronds.

Cosmographie.

Physique : magnétisme, électricité.

Programme de Géométrie.

Revision.

Cylindre, cône, tronc de cône. — Surface et volume.

Sphère. — Section plane. — Grands cercles, petits cercles. — Pôles d'un cercle.

Plan tangent. — Volume d'un polyèdre circonscrit à la sphère.

Surface et volume de la sphère.

Programme de Cosmographie.

Aspect général du ciel. — Constellations et étoiles les plus remarquables.

De la sphère céleste.

Uniformité de son mouvement apparent. — Méridiens, pôles. — Jour sidéral. — Hauteur et azimut. — Ascension droite et déclinaison.

De la terre.

Longitudes et latitudes géographiques. — Grandeur du rayon de la terre supposée sphérique. — Aplatissement du globe terrestre. — Longueur du mètre.

Du soleil.

Mouvement apparent de cet astre. — Solstices et équinoxes. — Obliquité de l'écliptique.

Inégalité des jours et des nuits. — Saisons. — Climats.

Mouvement elliptique. — Loi des aires. — Inégalité des saisons.

Mesure du temps. — Jour solaire vrai. — Jour solaire moyen.

Double mouvement de la terre. — Explication de l'inégalité des jours et des nuits, des saisons, déduite des mouvements réels.

Taches du soleil. — Rotation.

De la lune.

Phases. — Taches. — Rotation. — Constitution physique. — Cartes de la lune. — Distance de la lune à la terre. — Dimensions réelles. — Éclipses de lune et de soleil. — Période chaldéenne.

Calendrier.

Calendrier lunaire, solaire, luni-solaire. — Réforme julienne. — Calendrier grégorien.

Des planètes.

Mouvements apparents des planètes dans le zodiaque. — Système de Copernic.
Distances des planètes au soleil. — Lois de Kepler.
Notions sommaires sur les planètes.
Notions sur les comètes. — Étoiles filantes, bolides.
Énoncé du principe de la gravitation universelle.
Notions sur les marées.
Notions d'astronomie stellaire.

Programme de Physique.

Magnétisme, Électricité.

Production de l'électricité par le frottement.
Électricité par influence; électroscopes; électrophores. — Machines électriques.
Condensation; bouteille de Leyde; batteries. — Décharge électrique.
Électroscope condensateur.
Aimants naturels et artificiels. — Définition de la déclinaison et de l'inclinaison.
Piles voltaïques. — Courant électrique ; effets mécaniques, physiques et chimiques. — Arc électrique. — Effets physiologiques.
Galvanoplastie. — Dorure et argenture.

Expérience d'Œrstedt. — Galvanomètre.

Action des courants sur les courants.

Solénoïde. — Actions des courants et de la terre sur le solénoïde.

Comparaison du solénoïde et de l'aimant.

Aimantation par les courants.

Électro-aimants. — Télégraphe électrique.

Dessin.

(2 heures, en dehors des 22 heures réglementaires.)

Programme[1].

§ 1er. — Développements et applications des études précédentes.

Nota. — Quelques leçons pourront être consacrées à l'étude de la tête d'après nature.

§ 2. — Études de paysage d'après l'estampe.

Nota. — Quand les circonstances le permettront, les élèves pourront être exercés à dessiner d'après nature des paysages et des édifices.

---

1. Ce programme est commun aux classes de Rhétorique et de Philosophie.

CLASSE DE PHILOSOPHIE.

Philosophie et auteurs français, 8 heures de classe par semaine ; — Langues latine et grecque, 1 heure ; — Langues vivantes, 1 heure prise sur l'étude ; — Histoire, 3 heures ; — Sciences, 10 heures ; — Dessin, 2 heures (en dehors des 22 heures réglementaires).

Philosophie.

(8 heures.)

Cours de Philosophie, comprenant : la Psychologie, la Logique, la Morale, la Théodicée et l'Histoire de la Philosophie.
Notions élémentaires d'Économique politique.
Devoirs : Dissertation française.

Programme de Philosophie et d'Économie politique.

Introduction.

La science. — Classification des sciences. — Qu'appelle-t-on philosophie des sciences, de l'histoire, *etc.?* — Objet propre de la philosophie ; ses divisions.

Psychologie.

Objet de la psychologie : caractère propre des faits qu'elle étudie. — Les degrés et les limites de la conscience.
Distinction et relation des faits psychologiques et des faits physiologiques.
Sources d'information de la psychologie : conscience, langues, histoire, *etc.* — Utilité de la psychologie comparée. — De l'expérimentation en psychologie. — Classification des faits psychologiques.
La sensibilité. — Émotions (plaisirs et douleurs). — Sensations et sentiments. — Inclinations et passions.

L'intelligence. — Acquisition, conservation, élaboration de la connaissance.

Acquisition : données de la conscience et des sens.

Conservation et combinaison : mémoire, association des idées, imagination.

Élaboration : formation des idées abstraites et générales; jugement, raisonnement.

Les principes directeurs de la connaissance : données de la raison; peut-on les expliquer par l'expérience, l'association des idées ou par l'hérédité?

Les résultats de l'activité intellectuelle : l'idée du moi, l'idée du monde extérieur, l'idée de Dieu.

Notions d'esthétique : le beau. — L'art. — Des principes et des conditions des beaux-arts. — L'expression, l'imitation, la fiction et l'idéal.

La volonté. — Analyse de l'acte volontaire : la liberté.

Des modes divers de l'activité psychologique : instinct, activité volontaire, habitude.

Des manifestations de la vie psychologique : les signes et le langage.

Rapports du physique et du moral. — Le sommeil, les rêves, le somnambulisme, l'hallucination, la folie.

Eléments de psychologie comparée.

Logique.

Définition et division de la logique.

Logique formelle. — Idées et termes. — Jugements et propositions. — Définition. — Déduction et syllogisme.

Logique appliquée. — Des méthodes : analyse et synthèse.

Logique inductive. — Méthodes des sciences de la nature : observation, hypothèse, expérimentation, classification, induction, analogie. — Définitions empiriques.

Application de ces méthodes aux sciences psychologiques; — aux sciences historiques. — Sources de l'histoire : critique du témoignage.

Logique déductive. — Méthode des sciences abstraites : définitions rationnelles, axiomes, déduction, démonstration. — Usage de la déduction dans les sciences expérimentales.

Part de la déduction et de l'expérience dans la morale, le droit et la politique.

Nature, causes et remèdes de l'erreur.

Morale.

Morale spéculative. — La conscience, le bien, la liberté, le devoir.

Diverses conceptions du souverain bien : doctrines utilitaires et sentimentales.

Doctrine de l'obligation.

Le devoir et le droit. — Valeur absolue de la personne.

La vertu. — La responsabilité et la sanction.

Morale pratique. — La morale personnelle : tempérance, sagesse, courage, dignité humaine et relation avec les êtres inférieurs.

La morale domestique : la famille.

La morale sociale : la justice ou respect du droit. — Les droits. — La charité.

Eléments de la société : notion de l'État.

Distinction du droit naturel, du droit civil, du droit politique. — Vote. — Obéissance à la loi. — Service militaire. — Dévouement à la patrie.

La morale religieuse. — Devoirs envers Dieu.

Notions d'économie politique.

Production de la richesse. — Les agents de la production : la matière, le travail, l'épargne, le capital, la propriété.

Circulation et distribution des richesses. — L'échange, la monnaie, le crédit, le salaire et l'intérêt.

Consommation de la richesse : consommations productives et improductives. — La question du luxe. — Dépenses de l'État. — L'impôt, le budget, l'emprunt.

Métaphysique et Théodicée.

Le problème de la certitude. — Le scepticisme. — L'idéalisme.

Diverses conceptions sur la matière et la vie.

L'esprit. — Matérialisme et spiritualisme.

Dieu : son existence et ses attributs. — Le problème du mal. — Optimisme et pessimisme.

Immortalité de l'âme.

Conclusion du cours. — Rôle de la philosophie. — Son importance au point de vue intellectuel, moral et social.

Histoire de la Philosophie.

Des systèmes en général. — Définition des principaux systèmes philosophiques.

Notions sommaires sur la philosophie grecque avant Socrate : Ioniens, Atomistes, Pythagoriciens, Éléates, Sophistes.

Socrate. — Platon. — Aristote.

Notions sommaires sur les écoles après Socrate : Pyrrhoniens, Épicuriens, Stoïciens, Académiciens.

Notions sommaires sur la philosophie à Rome et sur l'école d'Alexandrie.

Notions sommaires sur la philosophie scolastique.

Notions sommaires sur la philosophie de la Renaissance.

La philosophie au dix-septième siècle. — Bacon. — Descartes et ses principaux disciples. — Spinoza. — Malebranche. — Leibniz et Locke.

Notions sommaires sur la philosophie aux dix-huitième et dix-neuvième siècles[1].

----

1. L'ordre adopté dans ce programme ne doit pas enchaîner la liberté du professeur, pourvu que les questions indiquées soient toutes traitées.

Auteurs philosophiques français.

Descartes : *Discours de la Méthode; Première Médita-tion.*

Leibniz : *Monadologie.*

Explication des auteurs latins et grecs

(1 heure.)

Auteurs latins.

Cicéron : *de Legibus*, livre I.

Sénèque : *de Vita beata.*

Auteurs grecs.

Platon : *République*, livre VIII.

Aristote : *Morale à Nicomaque*, livre VIII.

Langues vivantes (allemand ou anglais).

(1 heure prise sur l'étude.)

Auteurs indiqués.

Allemands.

Morceaux choisis, d'un caractère philosophique.

Gœthe : *Faust*, 1re partie (Extraits).

Lessing : *Laocoon* (Extraits).

Correspondance de Schiller et de Gœthe (Extraits).

Herder : *Idées sur la Philosophie de l'histoire de l'humanité.*

Schiller : *OEuvres esthétiques.*

Anglais.

Morceaux choisis d'un caractère philosophique.
Bacon : *Essais.*
Pope : *Essai sur la critique.*
Macaulay : *Histoire d'Angleterre.*
Stuart Mill : *la Liberté.*

Histoire.

(3 heures.)

Histoire de France et Histoire contemporaine, depuis 1789 jusqu'à la Constitution de 1875.

Programme d'Histoire.

Histoire contemporaine de 1789 à la Constitution de 1875.

État de la France avant la Révolution. La Cour et le Gouvernement. L'administration provinciale. La justice et la législation. Les impôts. L'armée. Les trois ordres. — Le clergé. — Privilèges de la noblesse et droits féodaux. — La noblesse de robe. La bourgeoisie. Corporations industrielles. — Agriculture. État de la propriété.
Ministère de Necker. — Élection des députés aux états généraux. Rédaction des cahiers. Ouverture des états.
Assemblée constituante. — Déclaration des droits. — Abolition des privilèges. Division administrative et organisation judiciaire. Nouvelle condition des personnes et des terres. L'état civil. Nouveau système d'impôts. Constitution civile du clergé. Liberté de l'industrie et du commerce. — Les biens nationaux. — Les assignats. — Constitution de 1791.

Assemblée législative. — Déclaration de guerre à l'Autriche. Campagne de 1792.

La Convention nationale. — Chute de la royauté. — La Commune de Paris. — Girondins et Montagnards. — Procès et mort de Louis XVI. — Le Comité de salut public. La Terreur. Le 9 thermidor.

Première coalition. Campagnes de 1793 et 1794.—Guerre de Vendée. — Campagne de 1795. Traité de Bâle.

Institutions et créations de la Convention. Grand-Livre de la dette publique. Système métrique. — L'Institut. Organisation de l'enseignement. Constitution de l'an III.

Le Directoire.—Mandats territoriaux. Emprunts forcés. Le tiers consolidé. La conscription militaire. — Campagne de 1796. Bonaparte en Italie. Traité de Campo-Formio. Congrès de Rastadt. Expédition d'Égypte.— Deuxième coalition. Campagne de 1799.

Le 18 brumaire. — Le Consulat. — Constitution de l'an VIII. Organisation administrative, financière et judiciaire.

Le Code civil. Le Concordat et les articles organiques. — La Banque de France. — La Légion d'honneur. —

Campagne de 1800. Traités de Lunéville et d'Amiens. — Le Consulat à vie. — Rupture de la paix d'Amiens.

L'Empire. Constitution impériale. Nouvelle noblesse. L'armée. Politique intérieure de Napoléon. Suppression du Tribunat. Rôle du Sénat et du Conseil d'État. Les Codes. Les finances. Grands travaux d'utilité générale. — L'Université. — Sciences, lettres, beaux-arts et industrie.

Politique extérieure de Napoléon. — Guerres de 1804 à 1807, Austerlitz, Iéna, Friedland. Traités de Presbourg et de Tilsitt. — Création d'États feudataires. — Blocus continental. — Guerre d'Espagne.—Traité de Vienne.

L'Europe en 1810. État politique et moral.

Campagnes de Russie, d'Allemagne, de France. — Chute de l'Empire.

La Restauration. Charte de 1814. — Traité de Paris.

Les Cents jours. L'Acte additionnel. — Waterloo. — Le congrès de Vienne. Les traités de 1815.

Tableau comparé des puissances européennes et de leurs colonies en 1789 et en 1815.

Règne de Louis XVIII. — Le régime parlementaire. — Lois sur les élections, sur le recrutement militaire, sur la presse. — Mesures économiques. Système protecteur. — Agitations intérieures.

Règne de Charles X. — La Congrégation. Chute du ministère Villèle.

Les Ordonnances. — Révolution de juillet.

Politique extérieure de la Restauration. Intervention en Espagne. Navarin. Expédition de Morée. Prise d'Alger.

La Sainte-Alliance, les congrès et la politique d'intervention. — Les universités allemandes. Le carbonarisme. — Insurrections en Italie, en Espagne. Affranchissement de la Grèce. Traité d'Andrinople.

Règne de Georges IV en Angleterre. Politique extérieure. Canning. — Réformes économiques. — Huskisson. — Émancipation des catholiques. Robert Peel.

Émancipation des colonies espagnoles. — Le Brésil. — État comparé de l'Amérique en 1776 et 1830.

Règne de Louis-Philippe. — Charte de 1830. — Sociétés secrètes, émeutes. Lois de septembre. — Lois sur l'instruction primaire et sur les travaux publics. Développement de l'industrie. Chemins de fer. — Loi d'apanage. Loi de régence. — La campagne réformiste. Révolution de février.

État des lettres, des arts et des sciences depuis 1815. Romantiques et classiques. Influence des littératures étrangères. — Nouvelles applications de la science à l'industrie.

Politique extérieure de Louis-Philippe. Intervention en Belgique. Occupation d'Ancône. Quadruple alliance. Traité de Londres. — Mariages espagnols. — Le droit de visite.

Conquête et colonisation de l'Algérie.

Mouvements en Europe après 1830. Création du royaume de Belgique. Insurrection de Pologne. — L'Italie de de 1831 à 1848. Établissement du régime constitutionnel en Espagne et en Portugal. — Mouvements libéraux et union douanière en Allemagne. — Le Sonderbund.

En Angleterre, bill de réforme parlementaire et électorale. Robert Peel et Richard Cobden. Réformes coloniales. Le libre-échange. L'*income-tax*.

Question d'Orient. Le sultan Mahmoud. — Méhémet-Ali. Convention des Détroits. — Progrès des Russes et des Anglais en Asie.

Constitution de 1848. — Coup d'État du 2 décembre. Constitution de 1852. Règne de Napoléon III.

Guerre de Crimée. Principautés du Danube. — Création du royaume d'Italie. Nice et la Savoie à la France. — Dissolution de la Confédération germanique. — Monarchie austro-hongroise. — Guerre de sécession américaine. — Guerre du Mexique.

Les traités de commerce. — Le canal de Suez.

Révolutions et guerres dans l'extrême Orient. — L'empire anglais des Indes.

Guerre de 1870. — Chute du second Empire. — Création de l'Empire allemand. — Traité de Francfort. — Constitution de février 1875.

Sciences.

(10 heures, Mathématiques : 4 heures; Sciences physiques, 3 heures; Sciences naturelles, 3 heures.)

Revision et complément des cours de sciences mathématiques, physiques et naturelles. Notions de mécanique.

Chimie.

Anatomie et Physiologie animales et végétales.

Programme d'Arithmétique, Algèbre et Géométrie.

Revision des cours d'Arithmétique et d'Algèbre (p. 63 et 72), en ajoutant les progressions et les logarithmes ; — du cours de Géométrie (pages 63, 72 et 80), en ajoutant la similitude dans l'espace.

Programme de Physique.

Revision des cours (pages 64, 72 et 81.)
Compléments.

Notions de Mécanique physique.

Mouvements. — Forces.
Travail.
Lois de la chute des corps. — Machine d'Atwood.
Pendule : ses applications.

Notions générales de physique.

Équivalence du travail mécanique et de la chaleur. — Application à la calorimétrie. — Sources de chaleur.
Expériences fondamentales de l'induction par les courants et les aimants ; téléphone. — Bobine de Ruhmkorff.
Principe des machines magnéto-électriques. — Éclairage électrique.
Mouvements vibratoires.
Propagation d'un ébranlement à la surface d'une masse liquide.
Propagation du son dans les solides, les liquides et les gaz. — Réflexion du son.
Tuyaux sonores.
Mode de propagation de la lumière. — Spectres de diverses sources lumineuses. — Radiations diverses. — Photographie.

Programme de Chimie.

Corps composés et corps simples.

Eau : analyse et synthèse. — Hydrogène. — Oxygène.

Air : analyse. — Azote.

Combustion. — Notions générales sur la combinaison chimique. — Chaleur dégagée. — Changement de propriétés.

Principes de la nomenclature et de la notation chimiques.

Acides. — Bases.

Oxydes de l'azote. — Acide azotique. — Ammoniaque.

Lois des combinaisons en poids et en volume.

Chlore. — Acide chlorhydrique. — Eau régale.

Iode.

Soufre. — Acide sulfureux. — Acide sulfurique. — Acide sulfhydrique.

Phosphore. — Acide phosphorique. — Hydrogène phosphoré.

Carbone. — Acide carbonique. — Oxyde de carbone. — Sulfure de carbone. — Cyanogène et acide cyanhydrique.

Carbures d'hydrogène. — Acétylène. — Gaz oléfiant. — Gaz des marais. — Benzine.

Gaz de la houille. — Flamme.

Silice.

Généralités sur les métaux, les oxydes et les sels.

Généralités sur les principales matières organiques, au double point de vue de leur existence dans les végétaux et de leur formation artificielle.

Programme d'Anatomie et Physiologie animales [1].

L'individu : problème de l'espèce.

Classification naturelle. — Familles. — Classes. Types.

1. 2 heures et demie par semaine.

Types nettement définis : vertébrés, articulés, mollusques, cœlentérés; types moins bien définis : tuniciers, vers, échinodermes, protozoaires.

Ce qu'on entend par unité de plan.

Type vertébré, vertèbres, membres.

Type articulé : zoonites, appendices.

Type mollusque : pied, manteau, coquille.

Type cœlentéré.

Organismes microscopiques : infusoires, microbes.

Rapports de l'organisme et de son milieu. — Exemples d'adaptations : mammifères volants, pisciformes; animaux aveugles ; commensaux et parasites.

Variabilité des formes animales ; hérédité, sélection naturelle.

Multiplication, reproduction des êtres vivants. Animaux vivipares et ovipares. Développement, métamorphoses, migrations, formes alternantes.

Individus isolés, individus agrégés.

Mœurs, instincts et intelligence ; instincts indépendants de la forme des organes. Sociétés animales.

Structure intime du corps des animaux. Éléments anatomiques: cellules, fibres, humeurs. Idée générale d'une cellule. Vie cellulaire; greffe, régénération, reproduction après scission.

Éléments anatomiques libres : globules du sang. Éléments anatomiques agrégés en tissus ; principaux tissus.

Substance vivante : éléments minéraux constitutifs ; principes immédiats. Substances albuminoïdes.

Protoplasma. — Propriétés de la substance vivante.

Échange nutritif; équilibre nécessaire entre l'apport et le rejet. — Résultat le plus général : oxydation chez les animaux; réduction dans les parties vertes des plantes.

Transformation des forces dans l'organisme; force mécanique, chaleur, électricité, lumière, actions chimiques.

Évolution de l'être vivant simple ou composé. — Mort; décomposition cadavérique. — Reviviscence.

Etude spéciale de l'homme.

Description anatomique sommaire. — Organe; appareil; fonction; division du travail physiologique.

Principaux appareils; squelette; muscles; centres nerveux; organes thoraciques; organes abdominaux; organes des sens.

Appareil de la digestion: dents; salive; aliments inorganiques, organiques; leurs transformations. — Absorption.

Le sang: globules rouges et blancs; coagulation.

Circulation: historique (Harvey). Cœur; artères; veines; vaisseaux capillaires; pouls. — Circulation de la veine-porte; le foie: fonction glycogénique (Claude Bernard), la bile.

Idée sommaire de l'appareil lymphatique.

Appareil de la respiration: fosses nasales; arrière-gorge; trachée-artère; poumons; circulation pulmonaire; changement de couleur du sang. — Asphyxie; mal de montagne; cloche à plongeur.

Chaleur animale (Lavoisier).

Sécrétions. — Reins: urée. Sueur. Larmes.

Fonctions de relation: rapports de l'être vivant et du monde extérieur; mouvement; sensibilité générale; sensibilités spéciales; phénomènes intellectuels.

Description sommaire du système nerveux: encéphale; moelle épinière; nerfs moteurs et sensitifs, mixtes; système grand sympathique, nerfs vaso-moteurs.

Propriétés générales des nerfs; effets divers de leur excitation.

Mouvements. — Os: leur composition; principaux os des membres.

Muscles: fibre musculaire; muscles de la vie animale et de la vie organique; phénomènes de la contraction.

Larynx: voix; voyelles; consonnes.

Organes des sens : mécanisme des sensations. Rôle des nerfs et des centres nerveux. Rêves ; hallucinations.

Odorat et goût. — Fosses nasales ; langue ; papilles. Odeurs et saveurs des corps.

Toucher. — La peau ; les poils ; les ongles. Variété des sensations tactiles.

Ouïe. — Constitution de l'oreille. Subjectivité des sensations auditives.

Limite des sons perceptibles ; son simple, son composé ; harmoniques. Intervalles musicaux.

Vue. — L'œil et ses annexes ; mouvements de la pupille.

Subjectivité des sensations visuelles.

Vision monoculaire, monochromatique. Formation de l'image rétinienne, marche des rayons lumineux dans l'œil, *punctum cæcum*, accommodation, myopie, presbytie, lunettes.

Persistance de l'image rétinienne, fatigue rétinienne, images consécutives, phosphènes.

Vision des couleurs, contraste simultané et successif.

Vision binoculaire.

Mouvements associés des deux yeux, appréciation des distances ; angle visuel. Illusions d'optique, stéréoscope, pseudoscope.

Fonctions des centres nerveux cérébro-spinaux.

Encéphale. — Hémisphères cérébraux ; substance grise et substance blanche ; leurs fonctions.

Tentatives de localisations cérébrales.

Bulbe rachidien. — Entre-croisement des pyramides antérieures. — Nœud vital.

Cervelet.

Moelle épinière. — Actions réflexes ; actions réflexes adaptées ; actes sympathiques.

Notions d'anatomie et de physiologie comparée des animaux autres que les mammifères, en prenant un exemple dans chaque classe pour les Vertébrés, et dans chaque type pour les Invertébrés.

Programme d'Anatomie et de Physiologie végétales.

Anatomie.

Éléments anatomiques (cellule, fibre, vaisseau).

Tissus considérés :

Dans la tige (dicotylédones, monocotylédones, cryptogames vasculaires);

Dans la racine (dicotylédones, monocotylédones);

Dans la feuille (nervures, épidermes, parenchymes symétrique et asymétrique), stomates ;

Dans l'anthère et le pollen ;

Dans l'ovaire, l'ovule, le style, le stigmate, le fruit et la graine.

Morphologie générale.

Origine des parties de la fleur.

Métamorphoses ascendante et descendante.

Loi de symétrie florale.

Physiologie.

Fonctions de nutrition. — Absorption des matériaux nutritifs, sève ascendante, sève nourricière, transpiration, respiration, transformations des matières absorbées, assimilation et désassimilation. Formation de substances organiques et organisées, à l'aide de substances inorganiques.

Fonction chlorophyllienne.

Excrétions diverses.

Modes d'accroissement des tiges et des racines de végétaux.

5

Mouvement et sensibilité dans les végétaux.

Fécondation. — Actes préparatoires, actes essentiels ; phénomènes consécutifs.

Chaleur développée à l'époque de la fécondation.

Germination. — Conditions intrinsèques à la graine.

Conditions extérieures essentielles (eau, air, chaleur) et accessoires (électricité, alcali végétal, acides, chlore, ozone, *etc.*).

Dessin.

(2 heures, en dehors des 22 heures réglementaires.)

Voir le programme de la classe de Rhétorique, page 82.

TABLE.

DIVISION SUPÉRIEURE.

COURS ÉLÉMENTAIRE D'ÉTUDES SCIENTIFIQUES,
rédigé d'après les nouveaux Programmes officiels des Lycées
et des Collèges, prescrits pour les examens du Baccalauréat,
par MM. J. LANGLEBERT, professeur de sciences physiques et
naturelles à Paris, et E. CATALAN, docteur ès sciences, ancien
professeur au lycée Saint-Louis et répétiteur à l'école polytechnique : nouvelle édition, revue et corrigée; ouvrage composé de 8 parties, *avec 1300 gravures dans le texte et 6 planches gravées.* — *Br.* 18 f.; *rel. toile,* 20 f.
Chaque Partie se vend séparément.

Première Partie, Arithmétique et Algèbre, rédigée
d'après les programmes officiels, par *M. E. Catalan :*
9ᵉ édition; 1 vol. in-12. — 2 f.

Deuxième Partie, Géométrie, suivie de notions sur
quelques courbes, rédigée d'après les programmes officiels,
par *M. E. Catalan :* 9ᵉ édition; 1 vol. in-12, *avec 230 gravures dans le texte.* — 2 f. 50 c.

**Troisième Partie, Trigonométrie rectiligne et Géo-
métrie descriptive,** rédigée d'après les programmes
officiels, par *M. E. Catalan :* 9ᵉ édition; 1 vol. in-12,
avec 30 gravures dans le texte et 4 planches gravées. —
1 f. 50 c.

Quatrième Partie, Cosmographie, rédigée d'après les
programmes officiels, par *M. E. Catalan :* 12ᵉ édition,
revue et augmentée; 1 vol. in-12, *avec 62 gravures dans
le texte et 2 planches gravées.* — 2 f. 50 c.

Cinquième Partie, Mécanique, rédigée d'après les programmes officiels, par *M. E. Catalan :* 12ᵉ édition; 1 vol.
in-12, *avec 80 gravures dans le texte.* — 1 f. 50 c.

Sixième Partie, Physique, rédigée d'après les programmes
officiels, par *M. J. Langlebert :* 31ᵉ édition; 1 fort vol.
in-12, *avec 293 gravures dans le texte.* — 3 f. 50 c.

Septième Partie, Chimie, rédigée d'après les programmes
officiels, par *M. J. Langlebert :* 31ᵉ édition; 1 fort vol.
in-12, *avec 143 gravures dans le texte.* — 3 f. 50 c.

Huitième Partie, Histoire Naturelle, rédigée d'après
les programmes officiels, par *M. J. Langlebert :* 38ᵉ édition; 1 fort vol. in-12, *avec 490 gravures dans le texte.*
— 4 f.

Ce Cours d'Enseignement répond en même temps aux nouveaux
programmes officiels de l'Enseignement secondaire classique
et de l'Enseignement secondaire spécial des Lycées et des
Collèges.

PLAN D'ÉTUDES

DU 2 AOUT 1880.

Collections de modèles en relief et de dessins, conformes aux nouveaux programmes pour l'enseignement des premières notions de mathématiques et de dessin géométrique dans les lycées et les collèges communaux.

CLASSE PRÉPARATOIRE.

Calcul des nombres entiers, exercices de calcul mental.

1. *Une boîte rectangulaire*, renfermant 3 casiers superposés et mobiles, de 12 cases chacun, et un casier-composteur latéral pour recevoir les éléments concrets du nombre à former.

Dans le premier casier, on placera 195 billes de quatre grosseurs différentes et de trois couleurs, pour représenter les zéros, les unités, les dizaines, les centaines des classes *unités, mille, millions*. Dans le second casier, on placera des bûchettes ; dans le troisième, on placera des cartes.

2. *Jetons* BARDOT modifiés.

Distinguer les unités par des traits de couleur sur fond noir, et non par des teintes diverses.

3. *Cinq bouliers-compteurs* à main (grand format), pour mettre entre les mains des élèves, avec un support pour poser le boulier du professeur.

Dessin.

§ 1er. — *Tracé et division des lignes droites en parties égales. Évaluation des rapports de lignes droites entre elles.*

4. Quatre règles divisées, pour montrer les rapports.

6

§ 2. — *Reproduction et évaluation des angles.*

5. Règles articulées, pour la génération des angles.
6. Rapporteur en carton, ardoisé d'un côté et divisé de l'autre.

§ 3. — *Circonférences, polygones réguliers.*

7. Figures planes, en carton ardoisé d'un côté : variétés du triangle et du quadrilatère ; plusieurs polygones réguliers et quelconques ; cercle et ses fragments. Ensemble, 24 figures.
8. Tableau mural des figures planes, collé sur toile, avec gorge et rouleau.

§ 4. — *Courbes régulières autres que la circonférence.*

9. Formes elliptique, ovale, spirale.

§ 5. — *Premières notions sur la représentation des objets dans leurs dimensions vraies.*

Si le temps permet de commencer cette étude dans la classe préparatoire, on empruntera quelques reliefs à la classe de huitième.
10. Accessoires pour le dessin au tableau ; grand compas en bois, équerre, rapporteur, té.

CLASSE DE HUITIÈME.

Calcul des nombres entiers, exercices de calcul mental.

On empruntera, s'il est nécessaire, quelques objets à la classe préparatoire.

Premières notions sur les grandes divisions du système métrique.

11. *Unités de longueur.* — Mètre divisé, rigide, en bois.
12. Double décimètre.
13. Décamètre en toile, dans une boîte. (roulette).

14. *Unités de surface.* — Tableau en toile ardoisée, à double face, uni d'un côté, quadrillé de l'autre (1 mètre de côté).

15. Décimètre carré, disposé comme le tableau précédent.

16. *Unités de volume.* — Décimètre cube avec ses subdivisions.

On empruntera le mètre cube, si c'est nécessaire, à la classe de septième.

17. *Unités de capacité.* — Décimètre cube creux, en zinc.

18. Litre cylindrique, en fer-blanc.

19. Litre en verre (bouteille ordinaire), avec entonnoir.

20. Un centimètre cube, en zinc.

21. *Unités de poids.* — Un kilogramme, en fonte.

22. Un gramme, en cuivre.

Tracé des figures les plus simples de la géométrie plane.

23. Accessoires pour le dessin au tableau : grand compas en bois, équerre, rapporteur, té.

24. Quatre règles divisées, pour les rapports des droites.

25. Règles articulées, pour la génération des angles.

26. Rapporteur en carton, ardoisé d'un côté, divisé de l'autre.

27. Figures planes, en carton ardoisé d'un côté : variétés du triangle et du quadrilatère; plusieurs polygones réguliers et quelconques; cercle et ses fragments. Ensemble, 24 figures.

28. Tableau mural des figures planes, collé sur toile, avec gorge et rouleau.

29. Formes elliptique, ovale, spirale.

Dessin. — Solides élémentaires réguliers.

30. Plan de projections.

31. Cube, parallélipipède rectangle, prisme régulier, pyramide régulière, cylindre et cône droits, sphère de 15 centimètres de diamètre.

32. Instrument pour mesurer les hauteurs et les diamètres.

33. 7 planches en double, soit 14 planches de 50°/40° représentant les solides ci-dessus en dessin géométral et en dessin perspectif.

Une série de planches sera mise en regard des modèles en relief, et l'autre série restera dans le portefeuille du professeur.

CLASSE DE SEPTIÈME.

Nombres décimaux.

34. Règles diverses divisées et subdivisées d'après le système décimal : 8 règles.

Système métrique.

35. Compendium métrique comprenant : un mètre plat, un décamètre d'arpenteur avec fiches, roulette de 20 mètres, double décimètre, appareil Level, mètre cube, stère, 7 mesures en étain, 4 en fer-blanc pour le lait, 7 en fer-blanc pour l'huile, hectolitre en bois, 7 mesures en bois, balance à colonne, série de poids en cuivre, subdivisions du gramme, 8 poids en fonte. Meuble ou rayons pour placer ces objets. Mètre plat ardoisé, double mètre, tableau ardoisé en toile d'un mètre carré, décimètre carré sans divisions, décimètre carré avec divisions, centimètre carré, décimètre cube plein, le même se décomposant, litre (bouteille), cube en zinc d'un décimètre cube, grand tableau du système métrique, collé sur toile, avec gorge et rouleau.

Tracé des figures géométriques.—Notions sur les solides enseignées au moyen de modèles en relief.

36. *Nécessaire* PILLET, pour l'enseignement primaire du dessin, comprenant : 1° une règle à curseur de 50 centimètres, pour l'évaluation des proportions ; 2° un rectangle à coulisse pour le même usage ; 3° un perspectrographe, pour le dessin de perspective ; 4° cinq bâtonnets Ottin,

pour l'évaluation des longueurs; 5° un rapporteur en bois peint, gradué, avec un fil à plomb pour le dessin au tableau noir; 6° un compas en bois, à craie, pour le même usage; 7° un mètre gradué en centimètres, se pliant en deux; 8° une équerre graduée, de 40 centimètres, pour le dessin au tableau noir; 9° deux compas fins, en acier, de 15 centimètres; 10° une notice explicative de tous ces appareils; 11° une boîte en bois, imitation noyer, avec crochets et poignée, aménagée pour recevoir tous ces appareils.

37. Té pour le tableau noir.

38. Règles articulées, pour la génération des angles.

39. Rapporteur en carton, ardoisé d'un côté et divisé de l'autre.

40. Figures planes en carton ardoisé d'un côté; variétés du triangle et du quadrilatère; plusieurs polygones réguliers et quelconques; cercle et ses fragments. Ensemble, 24 figures.

41. Tableau mural des figures planes, collé sur toile, avec gorge et rouleau.

42. Formes elliptique, ovale, spirale.

43. Un plan de projections ardoisé.

44. Solides élémentaires, réguliers et autres : cube, parallélipipède rectangle, parallélipipèdes droits quelconques se transformant en parallélipipèdes rectangles, parallélipipèdes obliques quelconques se transformant en parallélipipèdes droits, quatre prismes divers. Ensemble, 10 formes prismatiques de 25 centimètres de haut sur 10 à 15 centimètres de base, en bois.

45. Pyramides triangulaire, quadrangulaire, hexagonale tronquée, pentagonale oblique. Ensemble, 4 formes pyramidales, en bois, de 25 centimètres sur 10 à 15 centimètres.

46. Cylindres droit, oblique, tronqué. Ensemble, 3 formes cylindriques, de 25 centimètres sur 10 à 15 centimètres.

47. Sphère de 15 centimètres de diamètre, sphère coupée suivant un diamètre, sphère coupée suivant deux calottes inégales.

48. Instrument pour la mesure des hauteurs et des diamètres.

49. 20 planches en double, soit 40 planches de 50°/40°,

représentant les solides ci-dessus en dessin géométral et en dessin perspectif.

Une série de ces planches sera mise en regard des modèles en relief, et l'autre série restera dans le portefeuille du professeur.

CLASSE DE SIXIÈME.

Fractions.

50. Règles de diverses longueurs, fractions les unes des autres ; cordes à nœuds, cercles divisés et fractionnés ; rectangles et prismes aussi divisés et fractionnés ; règles divisées et subdivisées d'après le système décimal.

Étude de la sphère.

51. Cercle à rotation, pour la génération de la sphère.
52. Compas sphérique.
53. Règle sphérique.
54. Fil à plomb.
55. Niveau de maçon.
56. Cercle creux, pour l'horizon.
57. Sphère ardoisée, sans méridien ni parallèles, de 50 centimètres de diamètre.
58. Sphère ardoisée, avec méridiens et parallèles, de 33 centimètres de diamètre.

Dessin.

59. Règles divisées, pour les rapports des lignes droites.
60. Règles articulées, pour la génération des angles.
61. Rapporteur en carton, ardoisé d'un côté et divisé de l'autre.
62. Figures planes, en carton ardoisé d'un côté : variétés du triangle et du quadrilatère, plusieurs polygones réguliers et quelconques, cercle et ses fragments. Ensemble, 24 figures.

63. Tableau mural des figures planes, collé sur toile, avec gorge et rouleau.

64. Formes elliptique, ovale, spirale.

65. Un plan de projection ardoisé.

66. Solides élémentaires, réguliers et autres en bois (hauteur 25 centimètres, largeur 10 à 15 centimètres) : cube, parallélipipède rectangle, parallélipipèdes droits quelconques se transformant en parallélipipèdes rectangles, parallélipipèdes obliques quelconques se transformant en parallélipipèdes droits, quatre prismes divers. Ensemble, 10 formes prismatiques.

67. Pyramides triangulaire, quadrangulaire, hexagonale tronquée, pentagonale oblique. Ensemble, 4 formes pyramidales.

68. Cylindres droit, oblique, tronqué.

69. Sphère de 15 centimètres de diamètre, coupée suivant un diamètre, coupée suivant deux calottes inégales.

70. Instrument pour la mesure des hauteurs et des diamètres.

71. 20 planches en double, soit 40 planches de 50°/40°, représentant les solides ci-dessus en dessin géométral et en dessin perspectif.

Une série de ces planches sera mise en regard des modèles en relief, et l'autre série restera dans le portefeuille du professeur.

72. *Perspectomètre* MURET, destiné à mettre en perspective les lignes principales d'un paysage ou d'un objet quelconque (grand modèle).

73. Trépied pour l'installation du perspectomètre.

74. Accessoires pour le dessin au tableau : grand compas en bois, équerre, rapporteur, té.

CLASSE DE CINQUIÈME.

Revision du système métrique.

On empruntera, s'il est nécessaire, quelques-uns des objets du compendium de la septième.

75. Tableau des mesures étrangères, collé sur toile, avec gorge et rouleau.

76. Tableau analogue du système métrique français, pour mettre en regard du précédent.

Mesures des surfaces et des volumes.

On prendra les reliefs dans le matériel de dessin dont la désignation est ci-après :

77. Équerre d'arpenteur, grand modèle, avec bâton.

78. Génération du cylindre, du cône et de la sphère (rectangle, triangle, cercle à rotation).

Dessin.

79. Règles divisées pour les rapports des lignes droites.

80. Règles articulées, pour la génération des angles.

81. Rapporteur en carton, ardoisé d'un côté et divisé de l'autre.

82. Figures planes en carton, ardoisé d'un côté : variétés du triangle et du quadrilatère, plusieurs polygones réguliers et quelconques, cercle et ses fragments. Ensemble, 24 figures.

83. Tableau mural des figures planes, collé sur toile, avec gorge et rouleau.

84. Formes elliptique, ovale, spirale.

85. Un plan de projection ardoisé.

86. Solides élémentaires, réguliers et autres (hauteur 25 centimètres, largeur 10 à 15 centimètres) : cube, parallélipipèdes rectangles, parallélipipèdes droits quelconques se transformant en parallélipipèdes rectangles, parallélipipèdes obliques quelconques se transformant en parallélipipèdes droits, quatre prismes divers. Ensemble, 10 formes prismatiques.

87. Pyramides triangulaire, quadrangulaire, hexagonale tronquée, pentagonale oblique. Ensemble, 4 formes pyramidales.

88. Cylindres droit, oblique, tronqué.

89. Sphère de 15 centimètres de diamètre, coupée suivant un diamètre, coupée suivant deux calottes inégales.

90. Instrument pour la mesure des hauteurs et des diamètres.

91. 20 planches en double, soit 40 planches de 50°/40°, représentant les solides ci-dessus en dessin géométral et en dessin perspectif.

Une série de ces planches sera mise en regard des modèles en relief, et l'autre série restera dans le portefeuille du professeur.

92. 20 développements des solides ci-dessus, sur lesquels ils pourront s'appliquer, collés sur toile, avec agrafes.

93. *Perspectomètre* MURET, destiné à mettre en perspective les lignes principales d'un paysage ou d'un objet quelconque (grand modèle).

94. Trépied pour l'installation du perspectomètre.

95. Accessoires pour le dessin au tableau : grand compas en bois, équerre, rapporteur, té.

Matériel pour l'enseignement des sciences naturelles dans les lycées.

CLASSE PRÉPARATOIRE.

5 minerais : [de fer (deux), de cuivre, de zinc, de plomb];
4 échantillons de métaux : (fer, cuivre, zinc, plomb);
10 échantillons de charbons : (houille, tourbe terreuse, tourbe récente, charbons de bois, braise, noir de fumée, noir animal, coke, briquette, charbon de Paris).

CLASSE DE HUITIÈME.

Zoologie.

Collection d'échantillons en nature :

Squelette de taupe ;	Tortue montée ;
Chauve-souris montée ;	Lézard monté ;
Squelette de poule ;	Grenouille ou crapaud
Canard ;	monté.
Serpent monté ;	

5 *Tableaux montés sur toile :*

Squelette de l'homme;
Œufs et poussins, métamorphoses de la grenouille;
Écrevisses, mille-pattes, ver de terre, araignée;
Colimaçon, seiche, huître, corail;
Crânes de rongeur, de carnassier, de ruminant.

Botanique.

25 *Tableaux montés :*

Giroflée;	Orchis;
Primevère;	Blé;
Fraisier;	Fougère, lichen, prêle;
Chêne;	Champignon, mousse, va-
Pin;	rech, conferve;
Coquelicot;	Fleurs;
Carotte;	Fruits;
Pomme de terre;	Lamier;
Vigne;	Linaire;
Pois;	Bluet;
Chicorée;	Graine, germination;
Marguerite;	Tiges;
Iris;	Racines.

CLASSE DE SEPTIÈME.

Collection d'échantillons en nature.

Calcaire à cérithes;	Gypse fer de lance;
Calcaire oolithique;	Gypse compacte;
Marbre gris de Flandre;	Meulière;
Marbre petit granit;	Cristal de roche;
Marbre saccharoïde;	Silex en rognon;
Pierre lithographique;	Silex taillé;
Craie;	Agate brute taillée;

Grès siliceux ;
Grès blanc calcaire ;
Grès des Vosges ;
Granit ;
Feldspath ;
Mica ;
Porphyre ;
Plâtre cuit ;
Marne ;
Terre à brique ;
Brique ;
Terre à poterie ;
Poterie ;
Faïence ;

Terre à porcelaine ;
Porcelaine ;
Schiste ardoisier ;
Sable ;
Cailloux roulés de silex ;
Cailloux roulés de granit ;
Terre légère ;
Terre forte ;
Cailloux striés et polis ;
Lave poreuse ;
Lave à cristaux ;
Houille ;
Graphite ;
Sel gemme ;

3 Minerais de fer principaux ;
2 Minerais de cuivre ;
1 minerai de plomb ;
4 Fossiles animaux : cérithe, ammonite, poisson, crustacé (de ces deux derniers on fournira des moulages d'empreinte) ;

2 Fossiles végétaux.

4 Tableaux montés sur toile :

Carrière d'argile et de calcaire ;
— de craie ;
Vue d'un glacier ;
Plantes de la houille.

CLASSE DE CINQUIÈME.

Collection d'échantillons en nature.

Mammifères :

Squelette de carnivore (chien ou chat) ;
Squelette de rongeur (lapin, écureuil, etc.) ;
Insectivores, un type monté (hérisson ou taupe) ;
Carnivores, un type monté (renard, loutre, fouine ou putois) ;
Pachydermes, pied de solipède (cheval) ;
Ruminants, pied de ruminant (bœuf, mouton, etc.) ;
Crâne de ruminant (bœuf, mouton, etc.).

Oiseaux :

Aile d'oiseau développée pour montrer l'organe du vol ;
Oiseaux de proie diurnes, un type monté (buse, faucon ou épervier) ;
Oiseaux de proie nocturnes, un type monté (hibou, chouette ou chevèche) ;
Échassiers, un type monté (grue, cigogne, héron, barge ou chevalier) ;
Passereaux, un squelette et un type monté (hirondelle, moineau, fauvette, corbeau, etc.) ;
Grimpeurs, un type monté (pic, perroquet, perruche ou torcol) ;
Palmipèdes, un type monté (oie, canard, mouette, etc.) ;
Gallinacés, deux types montés (faisan, perdrix, poule, pigeon).

Poissons :

Osseux, deux types montés (perche, anguille) ;
Cartilagineux, un type monté (raie ou squale) ;
Squelette de poisson osseux.

Reptiles :

Squelette de tortue ;
Squelettes de lézard et de serpent.

Batraciens :

Squelette de grenouille ou de crapaud.

Articulés :

Insectes : hanneton, sauterelle, libellule, taon, punaise, frelon, papillon ;
Arachnides : scorpion, araignée ;
Myriapodes : iule, scolopendre ;
Crustacés : homard, cloporte, limule.

Mollusques :

Seiche dans l'alcool ;   Natice ;
Os de seiche ;   Huitre ;
Lymnée ;   Peigne ;
Planorbe ;   Cardium.
Cérithe ;

Rayonnés :

Oursin ;   Polypier calcaire ;
Étoile de mer ;   Bryozoaire.

Protozoaires :

Foraminifère (un moule grossi) ;
Sable à foraminifères.

21 Tableaux montés :

Squelette de l'homme ;
Squelette de chauve-souris ;
Crânes de carnivore, de rongeur, de ruminant ;
Squelette de poule ;
Squelette de grenouille ;
Écrevisse, mille-pattes, araignée, ver de terre ;
Anatomie sommaire de l'appareil digestif ;
     —   —   circulatoire ;
     —   —   respiratoire ; système
                     nerveux, central ;
Squelette de chat ;
     — de lapin ;
     — de cheval ;
Estomac de ruminant, parties caractéristiques du squelette ;
Squelette de dauphin ;
Caractères distinctifs des principaux types d'oiseaux (têtes
et pattes) ;
Squelette de poisson, branchies ;
Anatomie sommaire de l'écrevisse ;
     — de l'abeille ;
     — de l'escargot ;
Crinoïde, méduses, polypes ;
Infusoires, rhizopodes, foraminifères.

CLASSE DE QUATRIÈME.

Collection de roches et de fossiles.

Gneiss ;
Micaschiste ;
Granit ;
Calcaire saccharoïde ;
Graphite ;
Schiste maclifère de Bretagne ;
Ardoise du silurien ;
Empreinte réelle de trilobite ;
Paradoxides (moulage sur nature) ;
Trinucleus (moulage sur nature) ;
Calymene Blumenbachii (moulage sur nature) ;
Grauwacke du terrain devonien ;
Calcaire de Givet ;
Spirifer Verneuilli ;
Pleurodyctium ou moulage sur nature ;
Calceola ;
Porphyre ;
Productus (semireticulatus ou cora, ou giganteus, ou horridus) ;
Marbre petit granit ou calcaire de Tournay ;
Grès houiller ;
Houille ;
Empreintes de fossiles sur la houille ;
Empreintes de tiges de calamites (moulage) ;

Empreintes d'écorce de Sigillaria ou de Lepidodendron (moulage) ;
Grès vosgien ;
Poisson hétérocerque de la houille (moulage) ;
Sel gemme ;
Gypse des Vosges ;
Grès bigarré ;
Muschelkalk (avec fossiles nombreux) ;
Marnes irisées ;
Ceratites nodosus ou bipartitus (moulage) ;
Empreintes de Voltzia ou de Pterophyllium sur le grès (moulage) ;
Argile du lias ;
Ostrea arcuata ;
Belemnites (tripartitus ou giganteus) ;
Calcaire oolithique ;
Ammonites interruptus ;
Calcaire corallien ;
Pointe de Cidaris florigemma ;
Hemicidaris crenularis ;
Ostrea virgula ;
Ptérodactyle entier (moulage) ;
Vertèbre d'Ichtyosaure (moulage) ;
Crioceras Duvalii (moulage) ;
Scaphites (moulage) ;

Ancyloceras (moulage) ;
Hippurites radiosus ou autre;
Ammonites splendens ;
Nodule de phosphate du Gault ;
Calcaire néocomien ;
Argile du Gault ;
Craie glauconieuse ;
Craie marneuse ;
Craie blanche ;
Belemnites mucronatus ;
Micraster cor testudinarium ;
Calcaire pisolithique ;
Pied de Paleotherium ou de Coryphodon (moulage) ;
Mâchoire de Paleotherium ou de Coryphodon (moulage) ;
Argile plastique ;
Fragment de carapace de Trionyx (moulage) ;
Lignites du Soissonnais avec pyrites ;
Calcaire grossier, zone à nummulites ;

Empreinte de feuille sur le calcaire de Sézanne (moulage) ;
Calcaire grossier ;
Gypse fer de lance ;
Gypse compacte ;
Cérithes du calcaire grossier ;
Dent de squale du calcaire grossier ;
Meulière de Brie ;
Sables de Fontainebleau ;
Meulière de Beauce ;
Natica crassatina des sables de Fontainebleau ;
Faluns de Touraine ;
Molaire de Mastodonte (moulage);
Molaire d'Elephas primigenius (moulage) ;
Silex taillé ;
Lave de Volvic ;
Cendres volcaniques d'Auvergne ;
Caillou poli et strié par les glaciers.

11 Tableaux de géologie :

Falaises de la Manche ;
Le Rhône : source, dépôts et delta;
Volcan d'Auvergne : Puy de la Vache ;
Chaussée de basaltes de l'Ardèche ;
Mammifère du tertiaire ;

Reptile du secondaire ;
Caverne à ossements, armes et instruments ;
Carrière d'argile et de calcaire ;
Carrière de craie ;
Vue d'un glacier ;
Plantes de la houille.

35 Tableaux de botanique :

Anatomie sommaire de la racine ;
Anatomie sommaire de la tige ;
Anatomie sommaire de la feuille ;
Renonculacées ;
Rubiacées ;
Borraginées ;
Palmiers ;
Reproduction des Cryptogames à racines ;
Reproduction des Cryptogames sans racines ;
Plantes parasites ;

Giroflée ;	Tiges ;
Primevère ;	Graine, germination ;
Fraisier ;	Racines ;
Chêne ;	Linaire ;
Pin ;	Bluet ;
Coquelicot ;	Chicorée ;
Carotte ;	Marguerite ;
Pomme de terre ;	Iris ;
Vigne ;	Orchis ;
Pois ;	Blé ;
Lamier ;	Fougère, prêle, mousse ;
Fleurs ;	Lichen, champignon, va-
Feuilles ;	rech, conferve.

Paris.—Imprimerie de DELALAIN FRÈRES, rue de la Sorbonne, 1 et 3.

PLAN D'ÉTUDES DES LYCÉES

PROGRAMMES

DE L'ENSEIGNEMENT SECONDAIRE CLASSIQUE

NOUVELLE ÉDITION.

DEUXIÈME PARTIE.

CLASSES SUPÉRIEURES DES SCIENCES.

Enseignements divers.

PARIS

IMPRIMERIE ET LIBRAIRIE CLASSIQUES

Maison Jules DELALAIN et Fils

DELALAIN FRÈRES, Successeurs

56, RUE DES ÉCOLES.

PLAN D'ÉTUDES

DE

L'ENSEIGNEMENT SECONDAIRE CLASSIQUE

CLASSES SUPÉRIEURES DES SCIENCES.

CLASSE DE MATHÉMATIQUES PRÉPARATOIRES [1]

Mathématiques, 10 heures de classe par semaine; — Histoire naturelle, 1 heure; — Langue française, 3 heures; — Langue latine, 2 heures; — Langues vivantes, 2 heures; — Histoire et Géographie, 4 heures.

Dessin graphique, 2 heures par semaine; — Dessin d'imitation, 2 heures; — Gymnastique, 2 heures.

Sciences.

Arithmétique (Programmes des classes de lettres, p. 63).

Algèbre (Programmes des classes de lettres, p. 63, 72).

Géométrie (Programmes des classes de lettres, p. 63, 72, 80).

Cosmographie (Programmes des classes de lettres, p. 80).

Histoire naturelle (Zoologie, Botanique, Géologie: consulter les Programmes des classes de lettres, p. 40, 51, 52 et 93).

1. Les élèves quittant les études littéraires après la Troisième ou la Seconde pour suivre le cours de Mathématiques préparatoires n'y sont admis qu'à la suite d'un examen constatant qu'ils possèdent bien les principales matières de l'enseignement normal de la classe de Troisième.

« Pour répondre à certaines exigences exceptionnelles de famille, d'âge ou de carrière, on a voulu ménager à quelques-uns la faculté de prendre en un an, au sortir de la classe de Troisième, les connaissances scientifiques qu'ils auraient acquises en trois années dans le système régulier des études, et qui leur sont indispensables pour suivre avec fruit la classe proprement dite de Mathématiques élémentaires. L'enseignement des sciences, dans cette division extra-réglementaire, a le même objet et se propose le même but que l'enseignement scientifique de la classe de Philosophie. Ce sont les mêmes matières et les mêmes programmes; il n'est donc point nécessaire

Langues française, anciennes et vivantes.

Revision de l'Enseignement littéraire.
Composition française et Explication d'auteurs français
(p. 5).
Version latine et Explication d'auteurs latins (p. 5).
Traduction et Explication d'auteurs allemands ou anglais
(p. 6).

Histoire et Géographie.

Histoire : Résumé des Cours de Seconde et de Rhétorique
(Programmes des classes de lettres, p. 68, 76).
Géographie : Résumé des Cours de Seconde et de Rhéto-
rique (Programmes des classes de lettres, p. 71, 78).

CLASSE DE MATHÉMATIQUES ÉLÉMENTAIRES[1].

Sciences mathématiques, 10 heures 3/4 de classe par semaine;
— Sciences physiques, 6 heures 3/4. — Langues française et
latine, 2 heures; — Langues vivantes, 2 heures; — Histoire
et Géographie, 3 heures; — Philosophie, 1 heure.
Dessin graphique, 2 heures par semaine; — Dessin d'imitation,
2 heures; — Gymnastique et Exercices militaires, 3 heures.
Cette distribution des classes varie dans les établissements où il
existe des cours préparatoires aux écoles militaire, navale et
forestière.

Sciences.

Arithmétique (Programme, p. 11).
Algèbre (Programme, p. 11).
Géométrie (Programme, p. 12).

----

de séparer ces deux enseignements. Partout où le nombre
des élèves de Philosophie et du Cours préparatoire réunis
ne dépasse pas le chiffre de vingt-cinq ou trente, on réunit
les uns et les autres pour les classes de mathématiques;
seulement on réserve aux derniers deux leçons supplémentaires pour l'étude de la cosmographie et de l'histoire naturelle.»
(Circulaire du 7 octobre 1865.)
1. L'enseignement des Mathématiques élémentaires a pour
objet l'étude des matières comprises aux programmes du Bac-

Trigonométrie rectiligne (Programme, p. 15).
Géométrie descriptive (Programme, p. 16),
Cosmographie (Programmes, p. 16).
Mécanique (Programme, p. 16).
Physique (Programme, p. 18).
Chimie (Programme, p. 21).

Langues française, anciennes et vivantes.

Révision de l'Enseignement littéraire.
Composition française et Explication d'auteurs français.
Morceaux choisis de prose et de vers des Classiques français.
Bossuet : Discours sur l'Histoire universelle (IIIe partie).
Voltaire : Siècle de Louis XIV.
Théâtre classique.
Boileau.
La Fontaine : Fables.
Version latine et Explication d'auteurs latins.
Narrationes.
César : De Bello Gallico.
Cicéron : Catilinaires ; Verrines ; De Amicitia.
Virgile : Églogues; Énéide (livres I et II).
Horace : Satires.

calauréat ès sciences, et à ceux de l'École militaire, de l'École centrale, de l'École forestière et de l'École navale.

Les programmes de cette classe, qui datent des 24 et 25 mars 1865 et n'ont pas été renouvelés depuis cette époque, ne sont plus d'accord avec ceux des écoles spéciales, par suite de changements faits ultérieurement aux programmes d'admission à ces écoles, et particulièrement à ceux de l'École militaire de Saint-Cyr. Il en résulte que les professeurs conforment leur enseignement à ces derniers programmes. Voir notamment le programme d'admission à l'École militaire.

« La classe de Mathématiques élémentaires proprement dite sera, pour les élèves sortant de Philosophie, une sorte de vétérance, qui assurera leur succès. Pour les élèves sortant de Rhétorique, ce cours sera en partie une révision des matières apprises précédemment, en partie une étude nouvelle. » (*Circulaire du 24 mars 1865*.)

Traduction et Explication d'auteurs allemands ou anglais.

Langue allemande.

Morceaux choisis de prose et de vers.
Lessing : Laocoon.
Schiller : Histoire de la guerre de Trente ans ; Guillaume
  Tell; Marie Stuart.
Gœthe : Iphigénie ; Hermann et Dorothée.

Langue anglaise.

Morceaux choisis de prose et de vers.
Macaulay : Essais.
Sheridan : The School for scandal.
Shakspeare : J. Cæsar; Macbeth; King Lear.
Milton : Paradise lost (livres I et II).

Histoire et Géographie.

Résumé des Cours d'Histoire et de Géographie, de la Rhétorique à la Philosophie (Programmes des classes de lettres,
  p. 76, 78, 88).

Philosophie.

Programme prescrit pour le Baccalauréat ès Sciences.

Aux termes du décret du 5 février 1881, le programme de
  philosophie du Baccalauréat ès sciences ne comprend plus
  que les *éléments de la méthode* et les *principes de la
  morale.*
Voici quelles étaient les questions de *Logique* et de *Morale*
  dans le programme spécial de philosophie, prescrit par
  arrêté du 25 novembre 1875 pour le baccalauréat ès sciences:
  Logique.
De la certitude et de l'évidence.
De la méthode déductive. Définition. Syllogisme. So-
  phismes.
De la méthode inductive. Observation. Expérimentation.
  Induction. Hypothèse. Classification.
Applications principales de la méthode aux sciences exactes
  et aux sciences physiques et naturelles.

Morale.

La conscience morale. La distinction du bien et du mal.
Les divers motifs de nos actions.
Le devoir et le droit. Les sanctions de la loi morale.
Division des devoirs. Devoirs de l'homme envers Dieu,
envers lui-même, envers ses semblables.
Immortalité de l'âme. Démonstration de l'immortalité.

CLASSE DE MATHÉMATIQUES SPÉCIALES[1].

Mathématiques, 11 heures par semaine; — Géométrie descriptive, 3 heures; — Physique et Chimie, 5 heures; — Histoire
naturelle, 3 heures; — Langue française, 2 heures; — Langues
vivantes, 2 heures; — Histoire et Géographie, 3 heures.
Dessin d'imitation, 2 heures par semaine; — Gymnastique et
Exercices militaires, 3 heures.

Sciences.

Arithmétique (Programme, p. 23).
Géométrie (Programme, p. 25).
Algèbre (Programme, p. 31).
Trigonométrie (Programme, p. 37).
Géométrie analytique (Programme, p. 41).
Géométrie descriptive (Programme, p. 47).
Physique (Programme, p. 49).
Chimie (Programme, p. 55).

---

1. L'enseignement de la classe de Mathématiques spéciales a
pour objet l'étude des matières comprises dans le programme
commun d'admission à l'École polytechnique et à l'École normale supérieure, et de celles prescrites pour l'École centrale. La
Mécanique n'est plus enseignée dans cette classe depuis qu'elle
a été retranchée du programme d'admission à l'École polytechnique.
Les élèves ne sont admis à suivre les cours de la classe de
Mathématiques spéciales qu'après avoir justifié de leur aptitude
à suivre ces cours.

Langue française et langues vivantes.

Revision de l'Enseignement littéraire; Composition française.

Traduction et Explication d'auteurs allemands ou anglais (p. 6)[1].

(*Décret du 5 février 1881, arrêtés des 24 et 25 mars 1865.*)

1. La langue allemande étant seule exigée pour l'École polytechnique, cette langue est spécialement étudiée dans cette classe.

PROGRAMMES D'ENSEIGNEMENT

DES CLASSES SUPÉRIEURES DES SCIENCES.

ENSEIGNEMENT SCIENTIFIQUE.

PROGRAMMES DES SCIENCES.

CLASSE DE MATHÉMATIQUES ÉLÉMENTAIRES[1].

Arithmétique.

On reprend rapidement le Programme de la classe de Troisième (Programmes des classes de lettres, p. 63), en le complétant par quelques leçons sur les propriétés des nombres premiers, les fractions décimales périodiques, les erreurs relatives et l'extraction des racines.

Algèbre.

Revision et compléments des premières notions données dans les classes de Troisième et de Seconde (Programmes des classes de lettres, p. 63, 72).

Discussion des formules qui résolvent un système d'équations du premier degré à deux inconnues. — Exercices.

Équation du second degré à une inconnue. — Double solution. — Valeurs imaginaires.

Propriétés des trinômes du second degré.

1. Les programmes de cette classe, qui datent des 24 et 25 mars 1865 et n'ont pas été renouvelés depuis cette époque, ne sont plus d'accord avec ceux des écoles spéciales, par suite de changements faits ultérieurement aux programmes d'admission à ces écoles, et particulièrement à ceux de l'École militaire de Saint-Cyr. Par suite, les professeurs conforment leur enseignement à ces derniers programmes. Voir particulièrement le programme d'admission à l'École militaire.

« Dans la classe proprement dite de Mathématiques élémentaires, le professeur reprendra, en les développant, toutes les matières du programme et insistera sur les parties délicates qui ont été seulement touchées dans les classes de lettres : car, ici, l'enseignement doit avoir toute la rigueur scientifique. On ne fera rédiger que les parties du cours essentielles sous le rapport de la méthode, mais on sera exigeant pour la forme de ces rédactions ; les exercices seront nombreux et toujours corrigés avec soin. Le professeur insistera sur la discussion des problèmes, parce que cet exercice est le plus profitable de tous pour familiariser les élèves avec les vraies méthodes scientifiques, et pour donner à leur esprit de la souplesse et de l'activité inventive. » (*Circulaire du 7 octobre* 1865.)

Des questions de maximum et de minimum qui peuvent
se résoudre par les équations du second degré.

Principales propriétés des progressions arithmétiques et des
progressions géométriques.

Théorie des logarithmes déduite des progressions.

Logarithmes dont la base est 10. — Tables. — De la carac-
téristique.

Introduction des caractéristiques négatives pour étendre
aux nombres plus petits que 1 les calculs logarithmiques [1].

Usage des tables.

Intérêts composés et annuités. — Application des logarithmes à ces questions.

Géométrie.

Géométrie plane.

On reprend rapidement les Programmes des classes de
Troisième, Seconde et Rhétorique (Programmes des classes
de lettres, p. 63, 72 et 80), en les complétant sur quelques
points, particulièrement sur l'inscription des polygones
réguliers (cas du décagone) et la détermination du rapport
de la circonférence au diamètre par la méthode des iso-
périmètres. On termine cette revision par des exercices
et problèmes sur la comparaison des aires : construire un
carré équivalent à un polygone donné ; construire un
carré dont le rapport à un carré donné soit égal au rapport de deux lignes données ; construire un rectangle
équivalent à un carré donné, et dont les côtés adjacents
fassent une somme ou aient entre eux une différence
donnée ; application à la construction des racines des
équations du second degré à une inconnue.

1. Pour définir les logarithmes des nombres plus petits que 1,
il suffit d'étendre à ces nombres la propriété fondamentale des
logarithmes : Soit a un nombre plus petit que 1, et soit P le
produit $a \times 10^n$ supposé supérieur ou au moins égal à 1. P aura
un logarithme, et si l'on convient d'étendre à ce produit la propriété fondamentale, on aura $\log a$ ou $\log \frac{P}{10^n} = \log P - n$.

Ainsi, *on convient d'appeler logarithme de* a *le logarithme de*
P, *diminué de* n. En faisant porter cette soustraction sur la ca-
ractéristique seule, on voit que celle-ci contiendra un nombre
d'unités *négatives* égal au rang qu'occupe, à droite de la vir-
gule, le premier chiffre significatif de a.

Géométrie dans l'espace.

Du plan et de la ligne droite. — Condition pour qu'une droite soit perpendiculaire à un plan.

Propriétés de la perpendiculaire et des obliques menées d'un même point à un plan.

Parallélisme des droites et des plans.

Angle dièdre. — Génération des angles dièdres par la rotation d'un plan autour d'une droite. — Dièdre droit.

Mesure des angles dièdres.

Propriétés des plans perpendiculaires entre eux.

Angles trièdres. — Cas d'égalité et de symétrie.

Propriétés de l'angle trièdre supplémentaire.

Limite de la somme des faces d'un angle polyèdre convexe.

Limites de la somme des angles dièdres d'un angle trièdre. — Analogies et différences entre les angles trièdres et les triangles rectilignes.

Des polyèdres. — Prisme. — Parallélipipède, cube, pyramide. — Sections planes, parallèles, du prisme et de la pyramide.

Mesure des volumes. — Volume du parallélipipède, du prisme, de la pyramide, du tronc de pyramide à bases parallèles, du tronc de prisme triangulaire.

De la symétrie dans les polyèdres. — Plan de symétrie. — Centre de symétrie [1].

Comparaison des faces, des angles dièdres, des angles polyèdres homologues de deux polyèdres symétriques. — Équivalence de leurs volumes.

Polyèdres semblables [2].

Cas de similitude de deux pyramides triangulaires.

Rapport des volumes de deux polyèdres semblables. — Pôle de similitude de deux polyèdres semblables, et semblablement placés.

---

1. L'étude de la symétrie par rapport à un point se ramène à celle de la symétrie par rapport à un plan, en imprimant une rotation de 180° à l'une des deux figures autour d'un axe perpendiculaire à ce plan et passant par le centre de symétrie.

2. On appelle ainsi ceux qui sont compris sous un même nombre de faces semblables chacune à chacune, et dont les angles polyèdres homologues sont égaux.

Corps ronds.

Cylindre droit à base circulaire. — Mesure de la surface
latérale et du volume. — Extension aux cylindres droits
à base quelconque.

Cône droit à base circulaire. — Sections parallèles à la base.
— Surface latérale du cône, du tronc de cône à bases
parallèles. — Volume du cône, du tronc de cône à bases
parallèles.

Sphère. — Sections planes; grands cercles; petits cercles.
— Pôles d'un cercle. — Étant donnée une sphère, trouver
son rayon par une construction plane.

Plan tangent. — Angle de deux arcs de grand cercle.

Notions sur les triangles sphériques : leur analogie parfaite
avec les angles trièdres.

Mesure de la surface engendrée par une ligne brisée régulière, tournant autour d'un axe mené dans son plan et
par son centre. — Aire de la zone, de la sphère entière.
— Exercices.

Mesure du volume engendré par un triangle tournant autour d'un axe mené dans son plan par un de ses sommets.
— Application au secteur polygonal régulier tournant
autour d'un axe mené dans son plan et par son centre.
— Volume du secteur sphérique, de la sphère entière,
du segment sphérique. — Exercices. — Volume approché
d'un solide limité par une surface quelconque.

Notions sur quelques courbes.

Définition de l'ellipse par la propriété des foyers. — Tracé
de la courbe par points et d'un mouvement continu. —
Axes. — Sommets. — Rayons vecteurs.

Définition générale de la tangente à une courbe.

Les rayons vecteurs menés des foyers à un point de l'ellipse
font, avec la tangente en ce point et d'un même côté de
cette ligne, des angles égaux.

Mener la tangente à l'ellipse par un point pris sur la courbe,
par un point extérieur. — Normale à l'ellipse.

Définition de la parabole par la propriété du foyer et de la
directrice. — Tracé de la courbe par points et d'un mouvement continu. — Axe. — Sommet. — Rayon vecteur.

La tangente fait des angles égaux avec la parallèle à l'axe et le rayon vecteur, menés par le point de contact.

Mener la tangente à la parabole par un point pris sur la courbe, par un point extérieur. — Normale. — Sous-normale.

Relation entre le carré d'une ordonnée perpendiculaire à l'axe et la distance de cette ordonnée au sommet.

Définition de l'hélice, considérée comme résultant de l'enroulement du plan d'un triangle rectangle sur un cylindre droit à base circulaire. — Pas de l'hélice.

La tangente à l'hélice fait avec l'arête du cylindre un angle constant.

Construire la projection de l'hélice et de la tangente sur un plan perpendiculaire à la base du cylindre.

Trigonométrie rectiligne.

Lignes trigonométriques. — Relations entre les lignes trigonométriques d'un même angle. — Expression du sinus et du cosinus en fonction de la tangente.

Formules relatives au sinus, cosinus et tangentes de la somme et de la différence de deux arcs.

Expressions de $\sin 2a$, $\cos 2a$ et $\operatorname{tang} 2a$. — Connaissant $\cos a$ ou $\sin a$, calculer $\sin \frac{1}{2} a$ et $\cos \frac{1}{2} a$.

Rendre calculable par logarithmes la somme de deux lignes trigonométriques, sinus, cosinus et tangente.

Notions sur la construction des tables trigonométriques.— Usage des tables.

Relation entre les angles et les côtés d'un triangle rectangle ou d'un triangle quelconque.

Résolution des triangles rectangles.

Résolution des triangles quelconques dans les quatre cas qui peuvent se présenter. — Déterminer l'aire du triangle en fonction des données.

Application de la Trigonométrie à diverses questions que présente le levé des plans.—Distance à un point inaccessible. — Mesure des hauteurs. —Trois points, A, B, C, étant donnés sur un plan, déterminer un quatrième point.

d'où les distances AB et BC ont été vues sous des angles qu'on a mesurés.

Géométrie descriptive[1].

Insuffisance du dessin ordinaire pour la représentation des corps. — Utilité d'une méthode géométrique qui, par des opérations graphiques exécutées, sur un seul et même plan, fasse connaître exactement la forme et la position d'une figure à trois dimensions.

Projection d'un point, d'une droite, d'une ligne quelconque sur un plan. — Plan de projection.

Traces d'une droite. — Vraie longueur de la droite qui joint deux points donnés par leurs projections.

Angles d'une droite avec les plans de projection.

Représentation d'un plan par ses traces. — Angles d'un plan avec les plans de projection.

Méthode des rabattements. — Exercices.

Intersection de deux plans. — Intersection d'une droite et d'un plan.

Distance d'un point à un plan. — Distance d'un point à une droite.

Angle de deux droites. — Angle d'une droite et d'un plan. — Angle de deux plans.

Projections d'un prisme, d'une pyramide, d'un cylindre d'un cône à base circulaire, exécutées sur des objets réels.

Sections planes des polyèdres.

Notions sur la méthode des plans cotés.

Cosmographie.

Revision du cours de la classe de Rhétorique (Programmes des classes de lettres, p. 80).

Mécanique.

Éléments de statique.

Notions sur les forces. — Conditions d'égalité de deux forces. — Leur évaluation numérique. — Comparaison des forces aux poids à l'aide du dynamomètre.

---

1. Le programme de Géométrie descriptive pour l'admission à l'École spéciale militaire ayant été modifié, l'enseignement de cette partie des Mathématiques élémentaires se trouve naturellement modifié dans le même sens.

On admet que deux forces égales et contraires, appliquées
à deux points liés par une droite invariable de longueur,
et agissant dans la direction de cette droite, se font équilibre. — Translation du point d'application d'une force en
un point quelconque de sa direction, qu'on suppose lié
invariablement au premier.

Composition de deux forces appliquées à un même point.
— Théorème des moments par rapport à un point pris
dans le plan des forces.

Composition d'un nombre quelconque de forces appliquées
à un même point. — Condition d'équilibre.

Composition de deux forces parallèles. — Couple.

Composition d'un nombre quelconque de forces parallèles.
— Centre des forces parallèles.

Centre de gravité; sa recherche dans quelques cas simples:
triangle et pyramide.

Composition d'un système quelconque de forces appliquées
à un corps solide. — Leur réduction à deux forces, dont
l'une est appliquée à un point pris à volonté. — Condition générale de l'équilibre.

Des machines simples.

Levier. — Condition générale d'équilibre du levier. — Relation entre la puissance et la résistance.

Des balances. — Balance ordinaire, balance romaine, bas-
cule du commerce.

Poulie. — Équilibre de la poulie fixe. — Équilibre de la
poulie mobile. — Moufles.

Treuil. — Condition générale d'équilibre du treuil. — Relation entre la puissance et la résistance.

Plan incliné. — Équilibre d'un corps placé sur un plan incliné.

Éléments de cinématique et de dynamique.

Mouvement rectiligne uniforme. — Vitesse.

Mouvement rectiligne varié. — Vitesse moyenne. — Vitesse
à un instant quelconque.

Mouvement rectiligne uniformément varié. — Accélération.

De l'accélération à un instant quelconque dans le mouvement rectiligne varié.

Composition de deux mouvements simultanés rectilignes, uniformes ou uniformément variés.

Mouvement de rotation uniforme autour d'un axe fixe. — Vitesse angulaire.

Loi de l'inertie.

Loi du mouvement relatif[1]. — On en déduit qu'une force constante, agissant sur un point matériel qui part du repos, ou qui est animé d'une vitesse initiale de même direction que la force, lui imprime un mouvement uniformément varié. — Réciproque.

Deux forces constantes sont proportionnelles aux accélérations qu'elles produisent, en agissant séparément sur un même point matériel qui part du repos, ou qui est animé d'une vitesse initiale de même direction que la force.

De la masse. — Sa mesure au moyen du poids.

Notions sur le travail des forces.

Ce qu'on appelle travail d'une force constante appliquée à un point dont le déplacement est rectiligne. — Unité de travail.

Faire voir que, dans les machines simples, à l'état de mouvement uniforme, et sollicitées uniquement par une puissance et une résistance, le travail moteur est égal au travail résistant[2].

Influence des résistances dites passives. — Dans la pratique, le travail moteur est toujours plus grand que le travail résistant utile.

Physique.

Préliminaires.

Divisions de la physique.

Mobilité, inertie, forces. — Mouvement uniforme. — Mouvement uniformément varié. — Proportionnalité des

---

1. On admet ces deux lois comme résultats de l'expérience.
2. Dans le cas de la poulie mobile, on supposera les cordons parallèles.

forces constantes aux accélérations qu'elles impriment à un même mobile. — Masses. — Mesure des forces constantes. — Énoncé de la règle du parallélogramme des forces et de la composition de deux forces parallèles. — Centre des forces parallèles.

Pesanteur.

Direction de la pesanteur. — Centre de gravité. — Poids.

Lois de la chute des corps. — Machine d'Atwood. — Appareil de M. Morin.

Pendule. — Observations de Galilée. — Intensité de la pesanteur.

Balance.

Notions sur les divers états des corps.

Principe d'égalité de pression dans les fluides. — Surface libre des liquides pesants en équilibre. — Pression sur le fond des vases. — Presse hydraulique.

Vases communiquants.

Principe d'Archimède. — Poids spécifiques. — Aréomètres.

Pesanteur de l'air. — Baromètre.

Loi de Mariotte. — Manomètres.

Machine pneumatique. — Pompes. — Siphons. — Aérostats.

Chaleur.

Dilatation des corps par la chaleur.

Construction et usage des thermomètres.

Notions sur les coefficients de dilatation des solides, des liquides et des gaz. — Leurs usages.

Poids spécifiques des gaz (procédé de M. Regnault).

Chaleur rayonnante. — Expériences de Melloni.

Notions sur la conductibilité des corps. — Procédé d'Ingenhouz. — Détermination de la chaleur spécifique des solides et des liquides par la méthode des mélanges.

Fusion et solidification. — Chaleur latente. — Mélanges réfrigérants.

Formation des vapeurs dans le vide. — Vapeurs saturées et non saturées. — Maximum de tension. — Mesure du

maximum de tension de la vapeur d'eau à diverses températures par la méthode de Dalton. — Tables.

Mélange des gaz et des vapeurs.

Évaporation. — Ébullition. — Distillation.

Chaleur latente des vapeurs. — Froid produit par l'évaporation.

Machines à vapeur. — Kilogrammètre. — Cheval-vapeur.

Hygrométrie. — Rosée.

Climats. — Température. — Influence de l'altitude, de la
position, sur les continents et les îles. — Lignes isothermes. — Distribution annuelle de la température.

Vents réguliers et irréguliers.

Électricité et Magnétisme.

Développement de l'électricité par le frottement. — Corps
conducteurs et non conducteurs.

Énoncé de la loi des attractions et répulsions électriques.

L'électricité se porte à la surface des corps et s'accumule
vers les pointes.

Électricité par influence. — Électroscopes. — Électrophore.
— Machine électrique.

Condensateur. — Bouteille de Leyde et batterie. — Élec-
tromètre condensateur.

Électricité atmosphérique. — Foudre. — Paratonnerre.

Attraction qui s'exerce entre l'aimant et le fer. — Pôles des
aimants. — Définition de la déclinaison et de l'inclinaison. — Boussoles. — Distribution du magnétisme terrestre.
— Procédés d'aimantation.

Expériences de Galvani et de Volta. — Pile voltaïque. —
Diverses modifications de cet appareil. — Effets physiologiques, mécaniques, physiques et chimiques. — Galvanoplastie. — Dorure. — Argenture.

Expériences d'OErstedt. — Construction et usage du galvanomètre.

Expériences qui constatent l'action des courants sur les
courants et des courants sur les aimants. — Solénoïdes.
— Assimilation des aimants aux solénoïdes.

Aimantation par les courants. — Télégraphes. — Thermo-
multiplicateur.

Expériences fondamentales sur l'induction électrique. — Appareil de Pixii ou de Clarke.

Acoustique.

Production du son. — Vitesse de transmission dans l'air. Intensité du son. — Hauteur du son. — Sirène. Vibrations des cordes. — Gamme et intervalles musicaux.

Optique.

Propagation de la lumière dans un milieu homogène. — Ombre. — Pénombre. — Mesure des intensités relatives de deux lumières.

Lois de la réflexion. — Miroirs plans. — Miroirs sphériques-concaves et convexes.

Lois de la réfraction. — Prismes. — Lentilles.

Décomposition et recomposition de la lumière. — Spectre solaire.

Vision.

Chambre noire. — Microscope solaire. — Loupe. — Microscope composé. — Lunette astronomique. — Télescope de Newton. — Lunette de Galilée.

Actions chimiques produites par la lumière. — Daguerréotype. — Photographie.

Chimie.

Cohésion et ses effets. — Cristallisation. — Isomorphisme et dimorphisme.

Formation des corps composés : synthèse. — Leur décomposition : analyse.

Affinité et ses modifications.

Corps simples. — Métalloïdes et métaux.

Corps composés. — Acides, bases, corps neutres, sels.

Principes de la nomenclature.

Proportions multiples.

Oxygène. — Combustion. — Exemples de combustion vive et de combustion lente. — Chaleur dégagée par la combustion des principaux corps combustibles.

Hydrogene. — Eau. — Analyse et synthèse de l'eau. — Eaux potables.

Azote. — Air atmosphérique. — Analyse qualitative et quantitative de l'air.

Équivalents chimiques.

Carbone. — Acide carbonique. — Synthèse de cet acide. — Sa formation par les animaux. — Sa décomposition par les plantes. — Oxyde de carbone. — Hydrogène bicarboné. — Gaz de l'éclairage. — Flammes. — Lampe de sûreté.

Oxydes d'azote. — Acide azotique. — Ammoniaque.

Soufre. — Acide sulfureux. — Acide sulfurique. — Hydrogène sulfuré.

Phosphore. — Acide phosphorique. — Hydrogène phosphoré.

Chlore. — Acide chlorhydrique. — Eau régale.

Classification des métalloïdes en familles naturelles. — Rappeler les principaux composés qu'ils forment entre eux. — Donner leur formule.

Métaux en général. — Leurs propriétés et leur classification. Alliages.

Action de l'oxygène, de l'air sec et de l'air humide sur les métaux. — Action du soufre et du chlore.

Oxydes métalliques. — Action de la chaleur, du carbone, de l'eau. — Préparation générale des oxydes métalliques. — Potasse, soude et chaux.

Sulfures. — Chlorures. — Sel marin.

Notions sommaires de métallurgie. — Fer, fontes et aciers. — Plomb et cuivre. — Étain et zinc. — Argent.

Sels. — Leurs propriétés générales. — Lois de leur composition. — Lois de Berthollet.

Principaux genres de sels. — Carbonates : carbonate de potasse, de soude et de chaux. — Sulfates : aluns. — Azotates : nitre et poudre.

Un sel étant donné parmi les sels usuels, montrer comment on en reconnaît le genre et l'espèce.

(Arrêtés des 24 et 25 mars 1865.)

CLASSE DE MATHÉMATIQUES SPÉCIALES[1].

Arithmétique.

REVISION.

Numération décimale.

Addition et soustraction des nombres entiers.

Multiplication des nombres entiers. — Le produit de plusieurs nombres entiers ne change pas, quand on intervertit l'ordre des facteurs. — Pour multiplier un nombre par un produit de plusieurs facteurs, il suffit de multiplier successivement par les facteurs de ce produit.

Division des nombres entiers. — Pour diviser un nombre par un produit de plusieurs facteurs, il suffit de diviser successivement par les facteurs de ce produit.

Restes de la division d'un nombre entier par 2, 3, 5, 9. — — Caractères de divisibilité par chacun de ces nombres.

Définition des nombres premiers et des nombres premiers entre eux. — Trouver le plus grand commun diviseur de deux nombres. — Tout nombre qui divise un produit de deux facteurs, et qui est premier avec l'un des facteurs, divise l'autre.

Décomposition d'un nombre en ses facteurs premiers. — En déduire le plus petit nombre divisible par des nombres donnés.

Fractions ordinaires. — Une fraction ne change pas de valeur quand on multiplie ou quand on divise ses deux termes par un même nombre. — Réduction d'une fraction à sa plus simple expression. — Réduction de plusieurs fractions au même dénominateur. Plus petit dénominateur commun.

1. Les programmes de la classe de Mathématiques spéciales sont reproduits tels qu'ils ont été prescrits par l'arrêté du 26 janvier 1853. Ils étaient conformes aux anciens programmes d'admission à l'École polytechnique et à l'École normale supérieure. La Mécanique, ne faisant plus partie de ces programmes et n'étant plus enseignée, n'a pas été reproduite dans cette édition. Plus récemment des changements ont été apportés dans les programmes d'admission à l'École polytechnique publiés par le *Journal officiel* du 5 octobre 1874. Les professeurs de la classe de Mathématiques spéciales conforment leur enseignement à ces nouveaux programmes.

Opérations sur les fractions ordinaires.

Nombres décimaux. — Opérations. — Comment on obtient un produit et un quotient à une unité près d'un ordre décimal donné. — Erreurs relatives correspondantes des données et du résultat.

Réduire une fraction ordinaire en fraction décimale.—Quand le dénominateur d'une fraction irréductible contient d'autres facteurs premiers que 2 et 5, la fraction ne peut être convertie exactement en décimales, et le quotient, qui se prolonge indéfiniment, est périodique.

Étant donnée une fraction décimale périodique simple ou mixte, trouver la fraction ordinaire génératrice.

Système des mesures légales. — Mesures de longueur. — Mètre; ses divisions; ses multiples. — Rapport de l'ancienne toise de six pieds au mètre. — Convertir en mètres un nombre donné de toises.

Mesures de superficie, de volume et de capacité.

Mesures de poids. — Monnaies. — Titre et poids des monnaies de France. — Tables de conversion des anciennes mesures en mesures légales.

Formation du carré et du cube de la somme de deux nombres. — Extraction de la racine carrée d'un nombre entier. — Indication sommaire de la marche à suivre pour l'extraction de la racine cubique.

Carré et cube d'une fraction. — Racine carrée d'une fraction ordinaire et décimale à une unité près d'un ordre décimal donné.

Rapports des grandeurs concrètes. — Dans une suite de rapports égaux, la somme des numérateurs et celle des dénominateurs forment un rapport égal aux premiers.

Notions générales sur les grandeurs qui varient dans le même rapport ou dans un rapport inverse. — Solution, par la méthode dite de réduction à l'unité, des questions les plus simples dans lesquelles on considère de telles quantités. — Mettre en évidence les rapports des quantités de même nature qui entrent dans le résultat final, et en conclure la règle générale à suivre pour écrire immédiatement la solution demandée.

Intérêts simples.—Formule générale qui fournit la solution de toutes les questions relatives aux intérêts simples. — De l'escompte commercial.

Partager une somme en parties proportionnelles à des nombres donnés. — Exercices.

Usage des tables de logarithmes pour abréger les calculs de
multiplication et de division, l'élévation aux puissances
et l'extraction des racines[1].

Emploi de la règle à calcul, borné à la multiplication et à
la division.

Géométrie.

RÉVISION.

Figures planes.

Ligne droite et plan. — Ligne brisée. — Ligne courbe.

Lorsque deux droites partent d'un même point, suivant des
directions différentes, elles forment une figure qu'on appelle angle. — Génération des angles par la rotation d'une
droite autour d'un de ses points.

Angles droit, aigu, obtus. — Par un point pris sur une
droite, on ne peut élever qu'une seule perpendiculaire à
cette droite.

Angles adjacents. — Angles opposés par le sommet.

Triangles. — Cas d'égalité les plus simples.

Propriétés du triangle isocèle.

Propriétés de la perpendiculaire et des obliques, menées
d'un même point à une droite. — Cas d'égalité des triangles rectangles.

Droites parallèles. — Lorsque deux parallèles sont rencon-
trées par une sécante, les quatre angles aigus qui en résultent sont égaux entre eux, ainsi que les quatre angles
obtus. — Dénominations attribuées à ces divers angles.
— Réciproques[2].

Angles dont les côtés sont parallèles ou perpendiculaires.
— Somme des angles d'un triangle et d'un polygone quelconque.

1. On se bornera à l'usage des tables, sans entrer dans aucun
détail relatif à leur construction.

2. On admettra qu'on ne peut mener par un point donné
qu'une seule parallèle à une droite.

Plan, 2. *b* 2

Parallélogrammes. — Propriétés de leurs côtés, de leurs angles et de leurs diagonales.

De la circonférence du cercle. — Dépendance mutuelle des arcs et des cordes.

Le rayon perpendiculaire à une corde divise cette corde et l'arc sous-tendu, chacun en deux parties égales.

Dépendance mutuelle des longueurs des cordes et de leurs distances au centre. — Condition pour qu'une droite soit tangente à une circonférence. — Arcs interceptés par des cordes parallèles.

Conditions du contact et de l'intersection de deux cercles.

Mesure des angles. — Si des sommets de deux angles on décrit deux arcs de cercle d'un même rayon, le rapport des angles sera égal à celui des arcs compris entre leurs côtés [1].

Angles inscrits. — Évaluation des angles en degrés, minutes et secondes.

Problèmes. — Usage de la règle et du compas dans les constructions sur le papier. — Vérification de la règle.

Problèmes élémentaires sur la construction des angles et des triangles.

Tracé des perpendiculaires et des parallèles. — Abréviation des constructions au moyen de l'équerre et du rapporteur. — Vérification de l'équerre.

Division d'une droite et d'un arc en deux parties égales. — Décrire une circonférence qui passe par trois points donnés. — D'un point donné hors d'un cercle mener une tangente à ce cercle. — Mener une tangente commune à deux cercles. — Décrire sur une ligne donnée un segment de cercle capable d'un angle donné.

Lignes proportionnelles [2]. — Toute parallèle à l'un des côtés d'un triangle divise les deux autres côtés en parties proportionnelles. Réciproque. — Propriétés de la bissectrice de l'angle d'un triangle.

---

1. La proposition étant démontrée pour le cas où il y a entre les arcs une commune mesure, quelque petite qu'elle soit, sera, par cela même, considérée comme générale.

2. En conservant les énoncés habituels, on devra remplacer, dans les démonstrations, l'algorithme des proportions par l'égalité des rapports.

2.

Polygones semblables. — En coupant un triangle par une parallèle à l'un de ses côtés, on détermine un triangle partiel semblable au premier. — Conditions de similitude des triangles.

Décomposition des polygones semblables en triangles semblables. — Rapport des périmètres.

Relations entre la perpendiculaire abaissée du sommet de l'angle droit d'un triangle rectangle sur l'hypoténuse, les segments de l'hypoténuse, l'hypoténuse elle-même et les côtés de l'angle droit.

Relations entre le carré du nombre qui exprime la longueur du côté d'un triangle opposé à un angle droit, aigu ou obtus, et les carrés des nombres qui expriment les longueurs des deux autres côtés.

Si d'un point pris dans le plan d'un cercle on mène des sécantes, le produit des distances de ce point aux deux points d'intersection de chaque sécante avec la circonférence est constant, quelle que soit la direction de la sécante. — Cas où elle devient tangente.

Diviser une droite donnée en parties égales, ou en parties proportionnelles à des lignes données. — Trouver une quatrième proportionnelle à trois lignes; une moyenne proportionnelle entre deux lignes.

Construire, sur une droite donnée, un polygone semblable à un polygone donné.

Polygones réguliers. — Tout polygone régulier peut être inscrit et circonscrit au cercle.

Le rapport des périmètres de deux polygones réguliers, d'un même nombre de côtés, est le même que celui des rayons des cercles circonscrits[1].

Le rapport d'une circonférence à son diamètre est un nombre constant.

Inscrire dans un cercle de rayon donné un carré, un hexagone régulier. — Manière d'évaluer le rapport approché de la circonférence au diamètre, en calculant les péri-

---

1. La longueur de la circonférence de cercle sera considérée, sans démonstration, comme la limite vers laquelle tend le périmètre d'un polygone inscrit dans cette courbe, à mesure que ses côtés diminuent indéfiniment.

mètres des polygones réguliers de 4, 8, 16, 32... côtés, inscrits dans un cercle de rayon donné.

De l'aire des polygones et de celle du cercle. — Mesure de l'aire du rectangle; du parallélogramme; du triangle; du trapèze; d'un polygone quelconque. — Méthodes de la décomposition en triangles et en trapèzes rectangles.

Relations entre le carré construit sur le côté d'un triangle, opposé à un angle droit ou aigu ou obtus, et les carrés construits sur les deux autres côtés.

Le rapport des aires de deux polygones semblables est le même que celui des carrés des côtés homologues.

Aire d'un polygone régulier. — Aire d'un cercle, d'un secteur et d'un segment de cercle. — Rapport des aires de deux cercles de rayons différents.

Figures dans l'espace[1].

Du plan et de la ligne droite. — Deux droites qui se coupent déterminent la position d'un plan. — Condition pour qu'une droite soit perpendiculaire à un plan.

Propriétés de la perpendiculaire et des obliques menées d'un même point à un plan.

Parallélisme des droites et des plans.

Lorsque deux plans se rencontrent, la figure que forment ces plans, terminés à leur intersection commune, s'appelle *angle dièdre*. — Génération des angles dièdres par la rotation d'un plan autour d'une droite. — Dièdre droit.

Angle plan correspondant à l'angle dièdre.—Le rapport de deux angles dièdres est le même que celui de leurs angles plans.

Plans perpendiculaires entre eux. — Si deux plans sont perpendiculaires à un troisième, leur intersection commune est perpendiculaire à ce troisième.

Angles trièdres. — Chaque face d'un angle trièdre est plus petite que la somme des deux autres.

Si l'on prolonge les arêtes d'un angle trièdre au delà du sommet, on forme un nouvel angle trièdre qui ne peut lui

1. Pour faire mieux comprendre les questions de géométrie dans l'espace et leur applications, on aura recours à des modèles en relief.

être superposé, bien qu'il soit composé des mêmes éléments. (On se bornera à cette simple notion.)

Des polyèdres. — Parallélipipède. — Mesure du volume du parallélipipède rectangle, du parallélipipède quelconque, du prisme triangulaire, du prisme quelconque.

Pyramide. — Mesure du volume de la pyramide triangulaire, de la pyramide quelconque. — Volume du tronc de pyramide à bases parallèles.

Exercices numériques.

Polyèdres semblables[1].

En coupant une pyramide par un plan parallèle à sa base, on détermine une pyramide partielle semblable à la première. — Deux pyramides triangulaires qui ont un angle dièdre égal, compris entre deux faces semblables et semblablement placées, sont semblables. (On se bornera à ce seul cas de similitude.)

Décomposition des polyèdres semblables en pyramides triangulaires semblables. — Rapport de leurs volumes. — Exercices numériques.

Cône droit à base circulaire. — Sections parallèles à la base. — Surface latérale du cône, du tronc de cône à bases parallèles. — Volume du cône, du tronc de cône à bases parallèles[2].

Cylindre droit à base circulaire. — Mesure de la surface latérale et du volume. — Extension aux cylindres droits à base quelconque.

Sphère. — Sections planes, grands cercles, petits cercles. — Pôles d'un cercle. — Étant donnée une sphère, trouver son rayon.

Plan tangent.

Mesure de la surface engendrée par une ligne brisée régulière, tournant autour d'un axe mené dans son plan et par son centre. — Aire de la zone; de la sphère entière.

---

1. On appelle ainsi ceux qui sont compris sous un même nombre de faces semblables chacune à chacune, et dont les angles polyèdres homologues sont égaux.

2. L'aire du cône (ou du cylindre) sera considérée, sans démonstration, comme la limite vers laquelle tend l'aire de la pyramide inscrite (ou du prisme inscrit), à mesure que ses faces diminuent indéfiniment.

Mesure du volume engendré par un triangle tournant autour d'un axe mené dans son plan, par un de ses sommets. — Application au secteur polygonal régulier, tournant autour d'un axe mené dans son plan et par son centre. — Volume du secteur sphérique; de la sphère entière.

COMPLÉMENT.

Angles polyèdres.

Chacun des angles plans qui composent un angle trièdre est moindre que la somme des deux autres.

La somme des angles plans qui forment un angle polyèdre convexe est toujours moindre que quatre angles droits.

Si deux angles trièdres sont formés des mêmes angles plans, les angles dièdres compris entre les angles plans égaux sont égaux.

Figures symétriques.

Plan de symétrie. — Centre de symétrie. — Dans deux polyèdres symétriques les faces homologues sont égales chacune à chacune, et l'inclinaison de deux faces adjacentes, dans un de ces solides, est égale à l'inclinaison des faces homologues dans l'autre.

Deux polyèdres symétriques sont équivalents.

Des figures tracées sur la sphère.

Dans tout triangle sphérique un côté quelconque est plus petit que la somme des deux autres.

Le plus court chemin d'un point à un autre sur la surface de la sphère est un arc de grand cercle.

Mesure de l'angle de deux arcs de grand cercle.

Propriété du triangle polaire ou supplémentaire.

Deux triangles sphériques, situés sur la même sphère ou sur des sphères égales, sont égaux dans toutes leurs parties : 1° lorsqu'ils ont un angle égal compris entre deux côtés égaux chacun à chacun; 2° lorsqu'ils ont un côté égal adjacent à deux angles égaux chacun à chacun; 3° lorsqu'ils sont équilatéraux entre eux; 4° lorsqu'ils sont équiangles entre eux. — Dans ces différents cas, les triangles sont égaux ou symétriques.

La somme des angles de tout triangle sphérique est plus grande que deux droits et moindre que six droits.

Un fuseau est à la surface de la sphère comme l'angle de ce fuseau est à quatre angles droits.

Deux triangles sphériques symétriques sont équivalents.

L'aire d'un triangle sphérique est à celle de la sphère entière comme l'excès de la somme de ses angles sur deux angles droits est à huit angles droits. — Ce qu'on appelle excès sphérique.

A chaque propriété des triangles ou polygones sphériques correspond une propriété analogue des angles trièdres ou polyèdres.

Algèbre.

RÉVISION.

Calcul algébrique. — Emploi des lettres et des signes comme moyen d'abréviation et de généralisation. — Termes semblables[1].

Addition et soustraction.

Multiplication. Règle des signes.

Division des monômes, exposant *zéro*. — Exposé sommaire de la division des polynômes.

Équation du premier degré. — Résolution des équations numériques du premier degré à une ou plusieurs inconnues, par la méthode dite *de substitution*.

Interprétation des valeurs négatives dans les problèmes. — Usage et calcul des quantités négatives.

Des cas d'impossibilité et d'indétermination.

Formules générales pour la résolution d'un système d'équations du premier degré à *deux* inconnues. — Discussion complète de ces formules.

Équation du second degré à une inconnue. — Résolution. — Double solution. — Valeurs imaginaires.

Décomposition du trinôme $x^2 + px + q$ en facteurs du premier degré. — Relation entre les coefficients et les racines de l'équation : $x^2 + px + q = 0$.

1. On ne traitera des quantités négatives qu'à l'occasion des problèmes du premier degré.

Des questions de maximum et de minimum qui peuvent se résoudre par les équations du second degré.

Notions sur les nombres incommensurables.

Division des polynômes.

Résolution des équations générales du 1er degré à plusieurs inconnues. On développera les calculs relatifs au cas de deux équations et à celui de trois équations. On fera connaître la règle générale pour former le dénominateur commun et pour en déduire les numérateurs. — Discussion complète des formules générales propres au cas de deux équations.

Lorsque, dans l'équation $ax^2 + bx + c = 0$, a tend vers zéro, l'une des racines croît indéfiniment. — Calcul numérique des deux racines quand a est très petit.

Équations réductibles au 2e degré.

Calcul des valeurs *arithmétiques* des radicaux.

Exposants fractionnaires. — Exposants incommensurables. — Exposants négatifs.

Des progressions et des séries en général.

Progressions arithmétiques et géométriques. — Sommation des termes.

Ce qu'on appelle *série*. — Convergence et divergence. — Les termes d'une série peuvent décroître indéfiniment sans que la série soit convergente.

Une progression géométrique est convergente si la raison est plus petite que l'unité; divergente, si la raison est plus grande que l'unité.

Une série est convergente lorsque, à partir d'un certain terme, la valeur absolue du rapport d'un terme au précédent est constamment inférieure à un nombre déterminé plus petit que l'unité.

Lorsque les termes d'une série décroissent indéfiniment, et sont alternativement positifs et négatifs, la série est convergente.

Formule du binôme et ses applications.

Arrangements, permutations et combinaisons.

Développement des puissances entières et positives d'un binôme. — Terme général.

Développement de $(a + b\sqrt{-1})^m$.

Limite vers laquelle tend $\left(1 + \dfrac{1}{m}\right)^m$ quand m croît au delà de toute limite.

Sommation des piles de boulets.

Des logarithmes et de leurs usages.

En formant toutes les puissances d'un nombre quelconque positif, plus grand ou plus petit que 1, on peut reproduire tous les nombres.

Propriétés générales des logarithmes.

Lorsque des nombres sont en progression géométrique, leurs logarithmes sont en progression arithmétique.

Comment on passe d'un système de logarithmes à un autre système. — Logarithmes népériens. — Logarithmes vulgaires. — Ce qu'on appelle module d'un système de logarithmes.

Usage des logarithmes vulgaires. — Caractéristiques. — Caractéristiques négatives.

Un nombre étant donné, trouver son logarithme par le moyen des tables de Callet. Un logarithme étant donné, trouver le nombre auquel il appartient. — Usage des parties proportionnelles.

Usage de la règle à calcul.

Résolution des équations exponentielles au moyen des logarithmes.

Intérêts composés. — Annuités.

Des fonctions dérivées.

Développement d'une fonction entière $f(x)$ suivant les puissances croissantes de h, quand on remplace x par $x + h$. — Dérivée d'une fonction entière.

2.

La dérivée d'une fonction quelconque est la limite vers laquelle tend le rapport de l'accroissement de la fonction à l'accroissement de la variable lorsque celui-ci tend vers zéro.

Dérivée d'une fonction de fonction.

Règles pour trouver la dérivée d'une somme, d'un produit, d'une puissance, d'un quotient de fonctions dont les dérivées sont connues.

Dérivées des fonctions circulaires directes et inverses.

Dérivées de la fonction exponentielle et de la fonction logarithmique.

Une fonction est croissante ou décroissante, suivant que sa dérivée est positive ou négative.

Deux fonctions qui ont des dérivées égales ne peuvent différer que par une constante. — Revenir de la dérivée à la fonction primitive, dans les cas où cette opération peut se faire *immédiatement*.

Application de la théorie des dérivées au développement des fonctions $l(1+x)$ et arc tang x en séries convergentes ordonnées suivant les puissances croissantes de x, lorsque cette variable reste comprise entre -1 et $+1$.

Calcul des logarithmes au moyen de la série qui donne le logarithme de $n+1$, quand on connaît celui de n. — Calcul des logarithmes népériens. — Valeur du module des logarithmes vulgaires. — Calcul des logarithmes vulgaires.

Calcul du rapport de la circonférence au diamètre d'après la série arc tang x [1].

Théorie des équations.

Comment varie une fonction entière $f(x)$ quand x varie d'une manière continue entre $-\infty$ et $+\infty$.

Lorsque deux nombres a et b substitués dans une fonction

---

1. Partir, par exemple, de l'une des formules $\frac{\pi}{4} = $ arc tang $\frac{1}{2}$ + arc tang $\frac{1}{3}$; $\frac{\pi}{4} = 2$ arc tang $\frac{1}{3}$ + arc tang $\frac{1}{7}$; $\frac{\pi}{4} = 4$ arc tang $\frac{1}{5}$ — arc tang $\frac{1}{239}$; auxquelles conduit aisément le procédé de Machin rapporté par M. Lacroix dans l'introduction du Traité des Calculs différentiel et intégral.

Pour exercer les élèves aux calculs des séries, on leur fera entière $f(x)$ donnent des résultats de signes contraires, l'équation $f(x) = 0$ a au moins une racine réelle comprise entre a et b. Toute fonction $f(x)$ qui reste continue pour toutes les valeurs de x comprises entre a et b jouit de cette propriété.

Une équation algébrique de degré impair a au moins une racine réelle. — Une équation algébrique de degré pair, dont le dernier terme est négatif, a au moins deux racines réelles.

Toute équation algébrique $f(x) = 0$, à coefficients réels ou imaginaires de la forme $a + b\sqrt{-1}$, a une racine réelle ou imaginaire de la même forme. (On admettra ce théorème sans démonstration.)

Si a est racine d'une équation algébrique, le premier membre est divisible par $x - a$. Une équation algébrique du degré m a toujours m racines réelles ou imaginaires, et elle ne peut en avoir davantage. — Décomposition du premier membre en facteurs du premier degré. — Relations entre les coefficients d'une équation algébrique et les racines.

Lorsqu'une équation algébrique, dont les coefficients sont réels, a une racine imaginaire $a + b\sqrt{-1}$, elle a aussi pour racine l'expression conjuguée $a - b\sqrt{-1}$.

Dans une équation algébrique, complète ou incomplète, le nombre des racines positives ne peut pas surpasser le nombre des variations; conséquence relative au nombre des racines négatives.

Recherche du produit des facteurs du premier degré communs à deux fonctions entières de x. — Recherche des racines communes à deux équations dont les premiers membres sont des fonctions entières de l'inconnue.

Comment on reconnaît qu'une équation algébrique a des racines égales, et comment alors on ramène sa résolution à celle d'autres équations de degré moindre dont les racines sont inégales.

Recherche des racines commensurables d'une équation algébrique à coefficients commensurables.

déterminer les logarithmes vulgaires des nombres, depuis 1 jusqu'à 10, depuis 101 jusqu'à 110, et depuis 10 001 jusqu'à 10 010. On devra aussi leur faire exécuter le calcul du nombre π.

Des différences.

Différences des divers ordres.

Étant donnés $m + 1$ nombres $u_0, u_1, u_2, \ldots u_m$, trouver : 1° l'expression du terme général u^n en fonction du premier terme u^0 et de ses différences successives ; 2° l'expression de $\Delta^n u_0$ en fonction des nombres proposés.

La différence de l'ordre m d'une fonction entière du degré m est constante si la différence de la variable est elle-même constante.

Connaissant les résultats de la substitution de m nombres entiers consécutifs dans une fonction entière du degré m, on obtient facilement, au moyen des différences, les résultats de la substitution de tous les autres nombres entiers positifs ou négatifs. — Application au cas d'une fonction entière du troisième degré dont on connaît les valeurs correspondantes aux valeurs $-1, 0, +1$, de la variable.

Formules d'interpolation. — Application de la méthode d'interpolation de Newton à la représentation exacte d'une fonction entière $f(x)$ du degré m dont on connaît les valeurs $u_0, u_1, u_2, \ldots u_m$ correspondantes aux valeurs de x, $x_0, x_0 + h, x_0 + 2h, \ldots x_0 + mh$. Si la différence h et les quantités $u_0, \Delta u_0, \Delta^2 u_0, \ldots \Delta^m u_0$ sont positives, $x_0 + (m-1)h$ est une limite supérieure des racines positives de l'équation $f(x) = 0$.

Application de la théorie des différences à la résolution numérique des équations.

Séparation des racines d'une équation algébrique par la substitution de différents nombres à l'inconnue. — Étude spéciale du cas d'une équation du troisième degré. — Substitution de nombres entiers par le moyen des différences. — Substitution de nombres équidistants d'*un dixième* entre deux nombres entiers consécutifs ; de nombres équidistants d'*un centième* entre deux nombres consécutifs de dixièmes, etc., soit pour séparer les racines, soit pour en approcher. Ces dernières substitutions s'effectuent au moyen de nouvelles différences, déduites des premières. — Usage des constructions graphiques dans l'application de la méthode précédente.

Recherche des racines d'une équation transcendante. Lorsqu'on a substitué des nombres équidistants et assez voisins pour que les différences des résultats puissent être considérées comme égales entre elles à partir d'un certain ordre, on continue l'opération comme s'il s'agissait d'une équation algébrique.

Ayant obtenu, avec un certain degré d'approximation, une racine d'une équation algébrique ou transcendante, en approcher davantage par la méthode de Newton[1]. — Usage des constructions graphiques pour l'application de cette méthode.

Décomposition des fractions rationnelles en fractions simples.

Toute fraction rationnelle $\dfrac{F(x)}{f(x)}$ est décomposable en une partie entière et en diverses fractions simples. — La décomposition ne peut se faire que d'une seule manière. — Moyens de l'effectuer quand on connaît les facteurs binômes qui divisent le dénominateur $f(x)$.

Trigonométrie.

Trigonométrie rectiligne.

REVISION.

Lignes trigonométriques. (On ne considère que les rapports des lignes trigonométriques au rayon.)

Relations entre les lignes trigonométriques d'un même angle. — Expressions du sinus et du cosinus en fonction de la tangente.

Connaissant les sinus et les cosinus de deux arcs, trouver le sinus et le cosinus de leur somme et de leur différence. — Trouver la tangente de la somme ou de la différence de deux arcs, quand on connaît les tangentes de ces deux arcs.

---

1. Les élèves exécuteront le calcul d'une racine incommensurable d'une équation numérique du troisième degré ou d'une équation transcendante.

Expressions de sin $2a$, cos $2a$ et tang $2a$. — Connaissant cos a, calculer sin $\frac{1}{2} a$ et cos $\frac{1}{2} a$.

Rendre calculable par logarithmes la somme de deux lignes trigonométriques, sinus ou cosinus.

Notions sur la construction des tables trigonométriques.

Usage des tables.

Résolution des triangles. — Relations entre les angles et les côtés d'un triangle rectangle, ou d'un triangle quelconque.

Résolution des triangles rectangles.

Connaissant un côté et deux angles d'un triangle quelconque, trouver les autres parties, ainsi que la surface du triangle.

Connaissant deux côtés, avec l'angle compris, trouver les autres parties, ainsi que la surface du triangle.

Connaissant les trois côtés, trouver les angles et la surface du triangle.

Applications de la trigonométrie aux différentes questions que présente le levé des plans. (Ces questions ont été énoncées dans le programme de Géométrie.)

COMPLÉMENT.

Valeurs des sinus et cosinus des arcs $\frac{\tau}{3}$, $\frac{\pi}{9}$, ... ; $\frac{\pi}{10}$, ...

Le côté du décagone régulier inscrit dans la circonférence est égal à la plus grande partie du rayon *divisé en moyenne t extrême raison.* — Construction géométrique. — Inscription du polygone régulier de 15 côtés.

Calculer tang $\frac{1}{2} a$ quand tang a est donnée.

Equation du troisième degré que l'on obtient en cherchant sin $\frac{1}{3} a$ quand sin a est donné, ou cos $\frac{1}{3} a$ quand cos a est donné, ou tang $\frac{1}{3} a$ quand tang a est donnée. Examen des racines de cette équation.

Résolution des équations numériques du deuxième et du troisième degré, par le moyen des tables trigonométriques.

Trigonométrie sphérique.

Formules générales.

Relations fondamentales entre les côtés et les angles d'un triangle sphérique.

$$\cos a = \cos b \cos c + \sin b \sin c \cos A ; \text{ etc.}$$

On en déduit, par la voie de l'élimination,

$$\sin A : \sin B = \sin a : \sin b ; \cos a \sin b - \cos A \sin C$$
$$= \cos b \cos C,$$

et par la considération du triangle supplémentaire,

$$\cos A = - \cos B \cos C + \sin B \sin C \cos a.$$

Formules relatives aux triangles rectangles.

$$\cos a = \cos b \cos c ; \sin b = \sin a \sin B ;$$
$$\tan g\, c = \tan g\, a \cos B ; \tan g\, b = \sin c \tan g\, B.$$

Dans un triangle rectangle, les trois côtés sont moindres que 90°, ou bien deux des côtés sont plus grands que 90° et le troisième est moindre. Un angle et le côté opposé sont tous deux moindres que 90°, ou tous deux plus grands.

Résolution des triangles.

Cas des triangles rectangles.

Cas des triangles obliquangles. — 1° On donne les trois côtés a, b, c, ou les trois angles A, B, C. Formules calculables par logarithmes, donnant les valeurs de $\tan g\, \frac{1}{2}\, a$ et $\tan g\, \frac{1}{2}\, A$. — 2° On donne deux côtés et l'angle compris, ou deux angles et le côté compris. Formules de Delambre et de Népert. — 3° On donne deux côtés et un angle opposé à l'un d'eux, ou deux angles et un côté opposé à l'un d'eux. Usage d'un angle auxiliaire pour rendre les formules calculables par logarithmes.

Application.

Connaissant les latitudes et les longitudes de deux points du globe, trouver la distance de ces points.

Application de la Géométrie et de la Trigonométrie au levé des plans.

RÉVISION.

Tracé d'une droite sur le terrain. — Mesure d'une portion de droite au moyen de la chaîne. — Levé au mètre. — Tracé des perpendiculaires. — Usage de l'équerre d'arpenteur. — Mesure des angles au moyen du graphomètre. — Description et usage de cet instrument. — Rapporter le plan sur le papier. — Échelle de réduction.

Levé à la planchette.

Déterminer la distance à un point inaccessible; la distance entre deux points inaccessibles. — Prolonger une ligne droite au delà d'un obstacle qui arrête la vue.

Par trois points donnés, mener une circonférence, lors même qu'on ne peut approcher du centre.

Trois points, A, B, C, étant situés sur un terrain uni et rapportés sur une carte, déterminer sur cette carte le point P d'où les distances AB et BC ont été vues sous des angles qu'on a mesurés.

Notions sur l'arpentage. — Cas où le terrain serait limité, dans une de ses parties, par une ligne courbe.

COMPLÉMENT.

Mesure des bases au moyen des règles[1].

Mesure des angles. — Description et emploi du cercle. — Usage de la lunette pour rendre la ligne de visée plus précise. — Division du cercle. — Verniers[2].

Mesure et calcul d'un réseau de triangles. — Réduction des angles aux centres des stations[3].

Réduction à l'horizon d'une base mesurée avec la chaîne

---

1. On enseignera aux élèves à mesurer une base avec précision, au moyen des règles.

2. Le *graphomètre* suffit quand on ne peut recourir, pour comparer les résultats, qu'à des procédés graphiques; mais, dès qu'on veut appliquer à cet objet les méthodes rigoureuses que fournit la trigonométrie, il est nécessaire de donner à la mesure des angles toute la précision possible.

3. On insistera sur la marche à suivre dans le calcul, et l'on en donnera un exemple aux élèves.

sur un terrain incliné. — Réduction des angles à l'horizon, dans le cas où cette réduction n'est pas faite par l'instrument lui-même.

Usages de la planchette et de la boussole pour le levé des détails [1].

Géométrie analytique.

Géométrie à deux dimensions.

Des équations et des formules de la géométrie.

Loi de l'homogénéité. — Construction des expressions algébriques.

Des coordonnées rectilignes.

Détermination d'un point sur un plan par le moyen de ses coordonnées rectilignes.

Représentation des lieux géométriques par des équations.

Transformation des coordonnées rectilignes.

Des équations du premier et du deuxième degré à deux variables.

Construction des équations du premier degré. — Problèmes sur la ligne droite. — Équation du cercle.

Construction des équations du second degré. — Division en trois genres des courbes qu'elles représentent.

Du centre, des diamètres et des axes dans les courbes du second degré.

Réduction de l'équation du second degré à la forme la plus simple, par le changement des coordonnées [2].

Des tangentes et des asymptotes.

Le coefficient d'inclinaison, sur l'axe des abscisses, de la tangente à une courbe, est égal à la dérivée de l'ordonnée par rapport à l'abscisse.

---

1. Tous les instruments mentionnés dans la partie du programme relative au levé des plans devront être mis entre les mains des élèves.

2. Les élèves appliqueront ces réductions à une équation numérique du second degré, et détermineront la situation des nouveaux axes par rapport aux anciens au moyen des tables trigonométriques.

Recherche des asymptotes des courbes. — Application aux courbes du second degré.

De l'ellipse.

Équation de l'ellipse rapportée à son centre et à ses axes. — Les carrés des ordonnées perpendiculaires à l'un des axes sont entre eux comme les produits des segments correspondants formés sur cet axe.

Les ordonnées perpendiculaires au grand axe sont aux ordonnées correspondantes du cercle décrit sur cet axe, comme diamètre, dans le rapport constant du petit axe au grand. — Construction de la courbe par points, au moyen de cette propriété.

Foyers, excentricité de l'ellipse. — La somme des rayons vecteurs menés à un point quelconque de l'ellipse est constante et égale au grand axe. — Description de l'ellipse au moyen de cette propriété.

Directrices. — Les distances de chaque point de l'ellipse à l'un des foyers et à la directrice voisine de ce foyer sont entre elles comme la distance des foyers est au grand axe.

Équations de la tangente et de la normale en un point de l'ellipse. — Le point où la tangente rencontre un des axes prolongés est indépendant de la grandeur de l'autre axe. — Construction de la tangente en un point de l'ellipse, au moyen de cette propriété.

Les rayons vecteurs, menés des foyers à un point de l'ellipse, font avec la tangente en ce point, et d'un même côté de cette ligne, des angles égaux. La normale divise en deux parties égales l'angle des rayons vecteurs. Cette propriété peut servir à mener une tangente à l'ellipse par un point pris sur la courbe ou par un point extérieur.

Diamètres. — Les cordes qu'un diamètre divise en parties égales sont parallèles à la tangente menée par l'extrémité de ce diamètre. — Cordes supplémentaires. On peut, au moyen des cordes supplémentaires, mener une tangente à l'ellipse par un point donné sur la courbe ou parallèlement à une droite donnée.

Diamètres conjugués. — Deux diamètres conjugués sont toujours parallèles à deux cordes supplémentaires, et réciproquement. — Limite de l'angle de deux diamètres conjugués. — Il y a toujours dans une ellipse deux diamètres conjugués égaux entre eux. — La somme des carrés de deux diamètres conjugués est constante. — L'aire du parallélogramme construit sur deux diamètres conjugués est constante. — Construire une ellipse, connaissant deux diamètres conjugués et l'angle qu'ils font entre eux. Expression de l'aire de l'ellipse en fonction des longueurs de ses axes.

De l'hyperbole.

Équation de l'hyperbole rapportée à son centre et à ses axes. — Rapport des carrés des ordonnées perpendiculaires à l'axe transverse.

Foyers et directrices; tangente et normale; diamètres; diamètres conjugués et cordes supplémentaires. Ce qu'on nomme longueur d'un diamètre qui ne rencontre pas l'hyperbole. — Les propriétés de ces points et de ces lignes sont analogues dans l'hyperbole et dans l'ellipse.

Asymptotes de l'hyperbole. — Les asymptotes coïncident avec les diagonales du parallélogramme formé sur deux diamètres conjugués quelconques. — Les portions d'une sécante ou d'une tangente comprises entre l'hyperbole et ses asymptotes sont égales entre elles. — Application à la construction de la tangente.

Le rectangle des parties d'une sécante comprises entre un point de la courbe et les asymptotes est égal au carré de la moitié du diamètre auquel la sécante est parallèle.

Forme de l'équation de l'hyperbole rapportée à ses asymptotes.

De la parabole.

Équation de la parabole rapportée à son axe et à la tangente au sommet. — Rapport des carrés des ordonnées perpendiculaires à l'axe.

Foyer et directrice de la parabole. — Chacun des points de la courbe est également éloigné du foyer et de la directrice. — Construction de la parabole.

La parabole peut être considérée comme la limite d'une ellipse dans laquelle le grand axe augmente indéfiniment, tandis que la distance du foyer au sommet voisin reste constante.

Tangente et normale. — Sous-tangente et sous-normale. Elles fournissent des moyens de mener la tangente en un point de la courbe.

La tangente fait des angles égaux avec l'axe et avec le rayon vecteur mené au point de contact. — Mener, au moyen de cette propriété, une tangente à la parabole : 1° par un point situé sur la courbe; 2° par un point extérieur.

Diamètres. — Les cordes qu'un diamètre divise en deux parties égales sont parallèles à la tangente menée à l'extrémité de ce diamètre.

Expression de l'aire d'un segment parabolique.

Des coordonnées polaires.

Passer d'un système de coordonnées rectangulaires à un système de coordonnées polaires, et réciproquement.

Équations des trois courbes du second degré, en coordonnées polaires, le pôle étant situé à un foyer, et les angles étant comptés à partir de l'axe qui passe par ce foyer.

Des lignes courbes en général.

Discussions de quelques courbes algébriques et transcendantes. — Détermination de la tangente en un de leurs points. — Asymptotes des branches infinies [1].

Construction des racines réelles des équations de forme quelconque à une inconnue.

Intersection de deux courbes du second degré.

Du nombre de conditions nécessaires pour la détermination d'une courbe du second degré.

Calculer les coordonnées des points communs à deux courbes du second degré. — Étant données les équations de deux courbes du second degré, trouver l'équation générale des courbes du second degré qui passent par les quatre points d'intersection des deux premières. Disposer de l'indéterminée que renferme cette équation, de manière qu'elle puisse se décomposer en deux facteurs du premier degré.

—————————

[1]. On consacrera trois ou quatre leçons à la recherche de quelques lieux géométriques.

Des sections coniques et cylindriques.

Étude des sections planes du cône et du cylindre droit à base circulaire. — Section antiparallèle du cône et du cylindre oblique à base circulaire.

Géométrie à trois dimensions.

Théorie des projections.

La somme des projections de plusieurs droites consécutives sur un axe est égale à la projection de la ligne résultante. — La somme des carrés des projections d'une droite sur trois axes rectangulaires est égale au carré de cette droite. — La somme des carrés des cosinus des angles qu'une droite fait avec trois droites rectangulaires est égale à l'unité.

La projection d'une aire plane sur un plan est égale au produit de cette aire par le cosinus de l'angle des deux plans.

Des coordonnées rectilignes.

Représentation d'un point par ses coordonnées. — Équations des lignes et des surfaces.

Transformation des coordonnées rectilignes.

De la ligne droite et du plan.

Équations de la ligne droite. — Équation du plan. — Toute équation du premier degré à trois variables représente un plan.

Trouver les équations d'une droite : 1° qui passe par deux points donnés ; 2° qui passe par un point donné, et qui soit parallèle à une ligne donnée.

Déterminer le point d'intersection de deux droites dont on connaît les équations.

Faire passer un plan : 1° par trois points donnés ; 2° par un point donné, parallèlement à un plan donné ; 3° par un point et par une droite donnés.

Connaissant les équations de deux plans, trouver les projections de leur intersection.

Mener, par un point donné, une perpendiculaire à une droite donnée ; déterminer le pied et la grandeur de cette perpendiculaire (coordonnées rectangulaires).

Connaissant les équations d'une droite, déterminer les angles de cette droite avec les axes des coordonnées (coordonnées rectangulaires).

Trouver l'intersection d'une droite et d'un plan dont on connaît les équations.

Connaissant les coordonnées de deux points, trouver leur distance.

D'un point donné abaisser une perpendiculaire sur un plan; trouver le pied et la grandeur de la perpendiculaire (coordonnées rectangulaires).

Mener, par un point donné, un plan perpendiculaire à une droite donnée (coordonnées rectangulaires).

Trouver l'angle de deux droites dont on connaît les équations (coordonnées rectangulaires).

Connaissant l'équation d'un plan, trouver les angles qu'il fait avec les plans coordonnés (coordonnées rectangulaires).

Déterminer l'angle de deux plans (coordonnées rectangulaires).

Trouver l'angle d'une droite et d'un plan (coordonnées rectangulaires).

Surfaces du second degré.

Elles se divisent en deux classes : les unes ont un centre, les autres n'en ont pas. Coordonnées du centre.

Des plans diamétraux.

Simplification de l'équation générale du second degré par la transformation des coordonnées.

Équations les plus simples de l'ellipsoïde, des hyperboloïdes à une et à deux nappes, des paraboloïdes elliptique et hyperbolique, des cônes et des cylindres du second degré.

Nature des sections planes des surfaces du second degré.

Cône asymptote d'un hyperboloïde.

Sections rectilignes de l'hyperboloïde à une nappe. — On peut, sur la surface de l'hyperboloïde à une nappe, tracer deux droites par chacun de ses points : d'où résultent deux systèmes de génératrices rectilignes de l'hyperboloïde. — Deux droites prises dans un même système ne se rencontrent pas, et deux droites de systèmes différents se rencontrent toujours. — Toutes les droites situées sur l'hyperboloïde étant transportées au centre, parallèlement à elles-mêmes, s'appliquent exactement sur le cône asymptote. — Trois droites d'un même système ne sont jamais parallèles à un même plan. — L'hyperboloïde à une nappe peut être engendré par une droite qui se meut en s'appuyant sur trois droites fixes, non parallèles à un même plan ; et réciproquement, lorsqu'une ligne droite glisse sur trois droites fixes non parallèles à un même plan, elle engendre un hyperboloïde à une nappe.

Sections rectilignes du paraboloïde hyperbolique. — On peut, sur la surface du paraboloïde hyperbolique, tracer deux droites par chacun de ses points : d'où résulte la génération du paraboloïde par deux systèmes de droites. — Deux droites d'un même système ne se rencontrent pas, mais deux droites de systèmes différents se rencontrent toujours. — Toutes les droites d'un même système sont parallèles à un même plan. — Le paraboloïde hyperbolique peut être engendré par le mouvement d'une droite qui glisse sur deux droites fixes, parallèles à un même plan ; ou bien par une droite qui glisse sur deux droites fixes, en restant toujours parallèle à un plan donné. Réciproquement, toute surface résultant de l'un de ces deux modes de génération est un paraboloïde hyperbolique.

Discussion d'une équation numérique du second degré à trois variables.

Des surfaces coniques et cylindriques.

Trouver l'équation générale des surfaces coniques et des surfaces cylindriques.

Géométrie descriptive.

Problèmes relatifs au point, à la droite et au plan.

Par un point donné dans l'espace, mener une droite parallèle à une droite donnée et trouver la grandeur d'une partie de cette droite.

Par un point donné, mener un plan parallèle à un plan donné.

Construire le plan qui passe par trois points donnés dans l'espace.

Deux plans étant donnés, trouver les projections de leur intersection.

Une droite et un plan étant donnés, trouver les projections
du point où la droite rencontre le plan.

Par un point donné, mener une perpendiculaire à un plan
donné, et construire les projections du point de rencontre
de la droite et du plan.

Par un point donné, mener une droite perpendiculaire à
une droite donnée, et construire les projections du point
de rencontre des deux droites.

Changement des plans de projection.

Un plan étant donné, trouver les angles qu'il forme avec les
plans de projection.

Deux plans étant donnés, construire l'angle qu'ils forment
entre eux.

Deux droites qui se coupent étant données, construire l'angle
qu'elles font entre elles.

Construire l'angle formé par une droite et par un plan
donnés de position dans l'espace.

Problèmes relatifs aux plans tangents.

Mener un plan tangent à une surface cylindrique ou à une
surface conique : 1° par un point pris sur la surface;
2° par un point pris hors de la surface; 3° parallèlement
à une droite donnée.

Par un point pris sur une surface de révolution, dont on
connaît le méridien, mener un plan tangent à cette surface.

Problèmes relatifs aux intersections de surfaces.

Construire la section faite, sur la surface d'un cylindre droit
et vertical, par un plan perpendiculaire à l'un des plans
de projection. — Mener la tangente à la courbe d'intersection. — Faire le développement de la surface cylindrique, et y rapporter la courbe d'intersection, ainsi que
la tangente.

Construire l'intersection d'un cône droit par un plan perpendiculaire à l'un des plans de projection. — Développement et tangente.

Construire la section droite d'un cylindre oblique. (Pour
simplifier les constructions on emploiera la méthode du
changement des plans de projection.) — Mener la tangente à la courbe d'intersection. — Faire le développement

de la surface cylindrique, et y rapporter la courbe qui servait de base, ainsi que ses tangentes.

Construire l'intersection d'une surface de révolution par un plan, et les tangentes à la courbe d'intersection. — Résoudre cette question, lorsque la ligne génératrice est une droite qui ne rencontre pas l'axe.

Construire l'intersection de deux surfaces cylindriques et les tangentes à cette courbe.

Construire l'intersection de deux cônes obliques et les tangentes à cette courbe.

Construire l'intersection de deux surfaces de révolution dont les axes se rencontrent.

Physique[1].

Préliminaires.

But de la physique. — Phénomènes. — Lois physiques. Les expériences sont destinées à les faire ressortir des phénomènes.—Théories physiques.—Caractère différent des méthodes expérimentales et des méthodes mathématiques.

Propriétés générales des corps.

Étendue. — Mesure des longueurs. — Mètre. — Vernier.— Cathétomètre. — Comparateur. — Vis micrométrique, sphéromètre. — Machine à diviser.

Divisibilité, porosité. — Idées généralement admises sur la constitution moléculaire des corps. — Ces conceptions purement hypothétiques ne doivent pas être confondues avec les lois physiques. — Élasticité.

Mobilité. — Inertie. — Forces. — Leur équilibre; leur action; mécanique; leur évaluation numérique.

Pesanteur.

Direction de la pesanteur.—Fil à plomb.—Relation entre la direction de la pesanteur et la surface des eaux tranquilles.

Poids. — Centre de gravité.

Étude expérimentale du mouvement produit par la pesanteur. — Influence perturbatrice de l'air. — Plan incliné de Galilée. — Machine d'Atwood. Démontrer par l'expérience : 1° la loi des espaces parcourus; 2° la loi des

1. Voir l'addition faite à ce Programme page 53.

Plan, 2.   *b* 3 vitesses. — Appareil de M. Morin. Démonstration de la loi des espaces et des vitesses.

Loi de l'indépendance de l'effet produit par une force sur un corps, et du mouvement antérieurement acquis de ce corps. — Loi de l'indépendance des effets des forces qui agissent simultanément sur un même corps.— Démonstration expérimentale et généralisation de ces lois. — Loi de l'égalité de l'action et de la réaction.

Masse. — Accélération. — A égalité de masse, les forces sont entre elles comme les accélérations qu'elles produisent. — Relation entre une force, la masse du corps sur lequel elle agit, et l'accélération qui résulte de cette action. — Choc des corps.

Lois générales du mouvement uniformément varié. — Formules.

Pendule. — Loi de l'isochronisme des petites oscillations et loi des longueurs, déduites de l'observation. — Méthode des coïncidences. — Emploi du pendule pour la mesure du temps. — Pendule simple. Formule. — Pendule composé. Les lois des oscillations d'un pendule composé sont identiques aux lois des oscillations d'un pendule simple dont le calcul détermine la longueur. — Détermination, au moyen du pendule, de l'accélération produite par la pesanteur. — Cette accélération est indépendante de la nature des corps.

Remarquer que les formules du mouvement oscillatoire s'appliquent à la comparaison des forces de toute nature qu'on peut regarder comme constantes et parallèles à elles-mêmes dans toutes les positions du corps oscillant.

Identité de la pesanteur et de l'attraction universelle.

Balance. — Conditions de son établissement. — Sensibilité. — Si le point de suspension du fléau et les points d'attache des plateaux étaient exactement en ligne droite, la sensibilité serait indépendante des poids qui chargeraient les plateaux, — Méthode des doubles pesées. — Détails des précautions nécessaires pour obtenir une pesée exacte.

Définition de la densité. — La densité est le rapport du poids d'un corps à son volume.

Hydrostatique et hydrodynamique.

Distinction des divers états des corps.

Principe de Pascal : dans l'intérieur d'un liquide la pression exercée sur un élément de surface est normale à l'élément

3.

et indépendante de sa direction. — La démonstration de ce principe résulte de la vérification expérimentale de ses conséquences. — Principe de l'égale transmission des pressions : si l'on exerce une pression sur une portion plane, égale à l'unité, de la surface d'un liquide, l'effort transmis sur une surface plane quelconque, prise à l'intérieur du liquide ou sur les parois, est égal à la pression exercée, multipliée par l'étendue de cette surface. — Vérification de ce principe au moyen de la presse hydraulique.

Application des principes précédents aux liquides pesants. — Direction de la surface libre. — Pressions intérieures, surfaces de niveau. — Pressions sur les parois, en particulier sur le fond des vases; paradoxe hydrostatique. — Appareil de Haldat; expériences diverses.

Principe d'Archimède. — Vérification expérimentale; démonstration théorique déduite des principes précédents. — Corps flottants. (On ne considérera pas les conditions de stabilité de l'équilibre.)

Liquides superposés.

Vases communiquants. — Niveau d'eau. — Niveau à bulle d'air; son usage dans les instruments.

Densité des solides et des liquides. — Balance hydrostatique. — Aréomètres.

Compressibilité des liquides. — Indiquer les appareils propres à la constater. — Faire comprendre la nécessité d'une correction due à la compressibilité de l'enveloppe solide.

Propriétés communes aux liquides et aux gaz. — Principe de l'égalité de pression en tous sens. — Principe de l'égale transmission des pressions. — Pesanteur des gaz. — Pressions dues à la pesanteur. — Principe d'Archimède; poids des corps dans l'air et dans le vide; aérostats.

Liquides et gaz superposés. — Extension du principe des vases communiquants. — Application au baromètre.

Construction détaillée du baromètre. — Baromètres de Fortin, de Gay-Lussac, de Bunten. — Indiquer la nécessité des corrections usitées.

Loi de Mariotte. — Expériences de M. Regnault.

Manomètre à air libre. — Manomètre à air comprimé. — Manomètre de M. Bourdon.

Loi du mélange des gaz.

Machine pneumatique. — Degré de vide. — Machine de compression.

Principe de Torricelli. — Siphon. — Vase de Mariotte. — Fontaine de Héron. — Fontaine intermittente.

Capillarité.

Cohésion des liquides. — Adhérence des liquides aux solides. — Lois expérimentales des phénomènes capillaires.

Électricité statique.

Phénomènes généraux. — Distinction des corps conducteurs et des corps non conducteurs. — Distinction des deux espèces d'électricité. — Séparation des deux électricités par le frottement. — Hypothèse des fluides électriques.

Démonstration des lois de l'attraction et de la répulsion des fluides électriques. — Expériences de Coulomb.

Déperdition de l'électricité. — Influence de l'air. — Influence des supports isolants : de l'humidité condensée à la surface des supports.

Étude expérimentale de la distribution de l'électricité à la surface des corps. — Méthode du plan d'épreuve. — Propriété des pointes.

Électrisation par influence. — Cas où le corps soumis à l'influence est déjà électrisé. — Étincelles. — Pouvoir des pointes.

Électrisation par influence précédant le mouvement des corps légers. — Électroscopes.

Machines électriques de Van-Marum, de Nairn, d'Armstrong.

Condensateur à lame d'air. — Accumulation d'électricité sur la surface de cet appareil. — Bouteille de Leyde. — Batteries. — Décharges électriques. — Effets principaux.

Électroscope condensateur. — Électrophore.

Électricité atmosphérique. — Phénomènes observés par un ciel serein. — Électricité des nuages. — Orages. — Éclair. — Tonnerre. — Effets de la foudre. — Choc en retour. — Paratonnerre.

Indication des sources diverses d'électricité statique.

Magnétisme.

Aimants naturels. — Action sur le fer et sur l'acier. — Aimants artificiels. — L'action attractive paraît concentrée vers les extrémités des barreaux. — Première idée des pôles.

Direction d'un barreau aimanté sous l'action de la terre. — Action réciproque des pôles de deux aimants. — Dénomination des pôles.

Phénomènes d'influence. — Action d'un aimant sur un barreau de fer doux. — Action sur un barreau d'acier. — Force coercitive. — Effets de la rupture d'un barreau aimanté. — Idées théoriques sur la constitution des aimants. — Définition précise des pôles.

Action de la terre. — Elle se réduit à un couple. — On peut la détruire sensiblement par l'action d'un aimant convenablement placé. — Définition de la déclinaison, de l'inclinaison, du méridien magnétique.

Lois des attractions et des répulsions magnétiques déterminées par la méthode des oscillations.

Procédés d'aimantation. — Armatures. — Points conséquents. — Influence de la trempe, de l'écrouissage, de la chaleur. — Aimantation par l'action de la terre.

Liste des métaux magnétiques.

Matières nouvelles portées au programme d'admission à l'École polytechnique, publié le 5 octobre 1874[1].

Thermométrie. — Dilatations.

Effets généraux produits par la chaleur. Température, températures constantes; températures égales. Mesure conventionnelle des températures, degré de température. Thermomètre.

Thermomètre fondé sur la dilatation apparente du mercure dans le verre; thermomètre à poids; thermomètre à tige. Détermination du coefficient thermométrique et des températures au moyen du thermomètre à poids.

Construction du thermomètre à tige; détermination des points fixes. Variations des points fixes.

Dilatation absolue du mercure. Expériences de Dulong et Petit.

Dilatation des enveloppes de verre. Dilatation cubique de quelques solides. Dilatation des liquides. Formules d'interpolation exprimant les dilatations en fonction des températures. Applications de

---

1. Il résulte de deux circulaires ministérielles, l'une du 20 mai 1875, l'autre du 19 juin 1875, que le catalogue officiel des instruments de physique dans les lycées a été revisé pour répondre aux modifications apportées aux programmes d'admission à l'École polytechnique et à l'École normale supérieure; et que les candidats à l'École normale supérieure doivent être examinés d'après le nouveau programme adopté pour l'admission à l'École polytechnique : ces dispositions rendent nécessaire l'application du programme de physique de l'École polytechnique à l'étude de la physique dans la classe de mathématiques spéciales.

ces formules à la détermination de la température du maximum de densité de l'eau.

Dilatation linéaire des solides : 1° par le procédé de Ramsden ; 2° par le procédé de Lavoisier et Laplace ; 3° par la méthode différentielle de Dulong et Petit.

Relation entre la dilatation linéaire et la dilatation cubique. Cette relation n'est pas applicable aux corps cristallisés.

Dilatation des gaz : expériences de Gay-Lussac. Lois qui en résultent. Formules exprimant la relation entre le volume, la pression et la température d'une masse de gaz. Expériences de M. Regnault ; dilatation des gaz sous pression constante ; variation d'élasticité des gaz sous volume constant. Comparaison des deux coefficients obtenus, explication de leur différence.

Évaluation des températures au moyen des dilatations d'un corps quelconque. Choix du thermomètre à air déterminé par cette considération que la dilatation du verre est négligeable par rapport à la dilatation du gaz.

Densité des gaz ; méthode de M. Regnault. Poids d'un litre d'air sec à 0° et sous la pression 730^{mm}.

Usage des constantes précédemment déterminées. Corrections aux pesées et aux poids spécifiques.

Optique géométrique.

Réflexion de la lumière. Lois de la réflexion. Miroir plan ; images. Miroirs sphériques ; foyers conjugués ; relations entre les distances locales conjuguées et le rayon du miroir (on négligera l'aberration). Images des objets ; rapport de l'image à l'objet.

Détermination du rayon des miroirs sphériques : 1° par le sphéromètre ; 2° par les procédés optiques.

Réfraction de la lumière. Lois de la réfraction simple. Vérification des lois de la réfraction simple et détermination de l'indice de réfraction d'une lumière monochromatique par la méthode de Descartes. (Rayons perpendiculaires à l'une des faces du prisme).

Réflexion totale.

Lentilles sphériques, convergentes, divergentes. Formules des lentilles sphériques (sans épaisseur) traversées par des faisceaux lumineux infiniment minces : 1° lorsque le point lumineux est placé sur l'axe principal de la lentille ; 2° lorsque le point lumineux est en dehors de l'axe. Centre optique ; axes secondaires. Images. Rapport de l'image à l'objet. Discussion et vérification des formules des lentilles. Montrer que les images réelles ou virtuelles ne diffèrent des objets que par l'ouverture du cône des rayons qu'elles émettent.

Instruments d'optique. Loupe ou microscope simple. Grossissement de la loupe pour une position donnée de l'organe visuel.

Microscope composé ; objectif oculaire. Calcul du grossissement.

Lunette astronomique ; objectif, oculaire ; axe optique. Grossissement, mesure expérimentale du grossissement.

Lunette de Galilée. Mise au point de l'oculaire pour une vue donnée.

Télescope de Newton ; grossissement.

Chimie.

Préliminaires.

Idée générale des phénomènes dont la chimie s'occupe. — Distinction des corps en corps simples et en corps composés. — Divisibilité de la matière. — Différents états des corps. — Force d'agrégation et de cohésion. Affinité chimique. — Loi des proportions multiples. — Caractères physiques et organoleptiques qui servent à spécifier les corps. — Cristallisation des corps. — Circonstances dans lesquelles les corps prennent la forme cristalline.

Règles de la nomenclature chimique. Anomalies qu'elles présentent aujourd'hui : notations et formules chimiques. — Division des corps simples en métalloïdes et en métaux.

Oxygène.

Divers modes de préparation. — Appareil pour recueillir les gaz ; gazomètres. — Définition de la densité d'un gaz. — Propriétés physiques et chimiques du gaz oxygène. — Chalumeau à air, à oxygène.

Hydrogène.

Divers modes de préparation. — Propriétés physiques et chimiques de ce gaz. — Chalumeau à gaz hydrogène et oxygène. — Dessiccation du gaz.

Combinaisons de l'hydrogène avec l'oxygène. — Protoxyde d'hydrogène ou eau. — Propriétés physiques de l'eau. — Congélation. — Définition de la densité des vapeurs. — Évaporation. — Vapeur d'eau dans l'atmosphère ; substances déliquescentes et efflorescentes. — Distillation, alambic et appareils divers employés dans les laboratoires. Évaporation des dissolutions salines. — Lois de la solubilité des gaz dans les liquides. Procédé à l'aide duquel on détermine la quantité de gaz dissoute dans l'eau qui a séjourné au contact de l'atmosphère.

Analyse de l'eau. — Calibrage et vérification des cloches divisées. — Eudiomètres. — Synthèse de l'eau par la méthode eudiométrique. — Première remarque sur la simplicité des rapports entre les volumes des gaz simples qui se combinent. — Synthèse de l'eau par la combustion de l'hydrogène au moyen de l'oxygène de l'oxyde de cuivre. — Analyse de l'eau par la pile. — Manières diverses d'exprimer la composition de l'eau. — Première notion des équivalents chimiques et des poids atomiques. Bioxyde d'hydrogène ou eau oxygénée. Mode de préparation. — Propriétés physiques et chimiques. Actions de présence ou catalytiques. — Analyse du bioxyde d'hydrogène.

Azote ou nitrogène.

Modes de préparation. — Propriétés physiques.

Air atmosphérique. — Généralités sur la constitution de l'atmosphère. — Détermination des quantités de vapeur d'eau et d'acide carbonique contenues dans l'atmosphère. Aspirateur à écoulement constant. — Détermination de l'oxygène par les réactifs absorbants et par la combustion dans l'eudiomètre. — L'air est un mélange et non une combinaison des gaz azote et oxygène; preuve fondée sur la loi de solubilité des gaz dans l'eau.

Combinaisons de l'azote avec l'oxygène. — Acide azotique ou nitrique. Acide azotique anhydre; acides hydratés à proportions définies. — Propriétés chimiques de l'acide azotique à divers états de concentration. — Combinaison directe de l'azote et de l'oxygène sous l'influence de l'étincelle électrique. — Préparation de l'acide azotique dans les arts. Purification de l'acide azotique du commerce. — Analyse de l'acide azotique.

Protoxyde d'azote. Préparation. — Propriétés physiques et chimiques de ce gaz. — Son analyse par le potassium et dans l'eudiomètre.

Bioxyde d'azote. Préparation. — Propriétés chimiques. — Dissolution du deutoxyde d'azote dans l'acide azotique plus ou moins concentré. Explication des colorations diverses que présentent ces dissolutions. — Analyse du deutoxyde d'azote.

Acide azoteux. Circonstances dans lesquelles il se produit.

Acide hypoazotique. Préparation. Son analyse.

Récapitulation des combinaisons de l'azote avec l'oxygène - Remarques sur les rapports en volume et en poids suivant lesquels l'azote et l'oxygène se combinent pour former ces composés. — Équivalent de l'azote.

Combinaison de l'azote avec l'hydrogène ou ammoniaque. Circonstances dans lesquelles l'azote et l'hydrogène paraissent se combiner directement. Origine des composés ammoniacaux. — Préparation du gaz ammoniac et de sa dissolution aqueuse. Préparation dans les arts. — Propriétés physiques et chimiques du gaz ammoniac. — Son analyse. — Combinaison directe du gaz ammoniac avec le gaz acide chlorhydrique ; remarque sur le rapport des volumes de ces deux gaz qui se combinent ; équivalent de l'ammoniaque.

Soufre.

État sous lequel on le trouve dans la nature. Extraction et purification du soufre naturel. — Propriétés physiques du soufre ; dimorphisme ; phénomènes curieux qu'il présente à diverses températures. — Propriétés chimiques du soufre.

Combinaisons du soufre avec l'oxygène. — Acide sulfureux. Divers modes de production de ce gaz. — Propriétés physiques et chimiques. — Analyse du gaz acide sulfureux. — Emploi de l'acide sulfureux pour le blanchiment de la laine et de la soie et pour enlever les taches de fruits sur le linge.

Acide sulfurique. — Sa formation par l'action de l'acide azotique sur le soufre et sur l'acide sulfureux. — Acide sulfurique monohydraté. — Précautions à prendre dans sa distillation et dans son mélange avec l'eau. Analyse de l'acide sulfurique monohydraté. Divers hydrates définis de l'acide sulfurique. — Acide sulfurique fumant de Nordhausen ; sa préparation dans le Hartz. Acide sulfurique anhydre ; sa formation par la combinaison directe de l'acide sulfureux et de l'oxygène, sous l'influence de la mousse de platine. Son extraction de l'acide fumant de Nordhausen. — Préparation de l'acide sulfurique hydraté dans les arts, par la méthode anglaise ou des chambres de plomb. Cristaux des chambres de plomb.

Acide hyposulfurique. Circonstances dans lesquelles il se produit.

Acide hyposulfureux. Circonstances dans lesquelles il se produit.

Récapitulation des combinaisons du soufre avec l'oxygène. Détermination de l'équivalent du soufre.

Combinaisons du soufre avec l'hydrogène. — Acide sulfhy-

3.

drique. Sa préparation. Propriétés physiques et chimiques de ce gaz. Eaux minérales sulfureuses. — Analyse du gaz acide sulfhydrique.

Bisulfure d'hydrogène. Circonstances dans lesquelles il se produit.

Sélénium, tellure.

Faire voir seulement leur analogie avec le soufre.

Chlore.

Préparation de ce gaz dans les laboratoires et dans les arts. Propriétés physiques. — Dissolution aqueuse. Hydrate défini du chlore. — Propriétés oxydantes de la dissolution aqueuse du chlore. Son emploi pour décolorer les tissus d'origine végétale.

Combinaisons du chlore avec l'oxygène. Acide chlorique; préparation. Composition déduite de l'analyse du chlorate de potasse. — Acide perchlorique. Circonstances dans lesquelles il se produit. — Acides hypochloreux, chloreux et hypochlorique. Circonstances dans lesquelles ces composés se produisent.

Récapitulation des combinaisons du chlore avec l'oxygène. — Équivalent du chlore.

Acide chlorhydrique. — Combinaison directe du chlore avec l'hydrogène, sous l'influence de la lumière solaire. — Préparation de l'acide chlorhydrique dans les laboratoires et dans les arts. — Purification de l'acide chlorhydrique du commerce. — Analyse du gaz acide chlorhydrique.

Combinaisons du chlore avec le soufre. — Quelques mots sur ces composés.

Chlorure d'azote. — Signaler simplement les circonstances dans lesquelles il se produit et les précautions qu'il faut prendre pour éviter la formation de ce composé dangereux dans plusieurs opérations de laboratoire. ✳

Eau régale. — Constitution chimique de l'eau régale. — Son emploi dans les laboratoires comme agent oxydant et comme agent chlorurant.

Brome.

Faire voir son analogie complète avec le chlore.

Iode.

Extraction des eaux mères des soudes de varech. — Propriétés physiques. — Son emploi en médecine. — Quelques mots sur les combinaisons de l'iode avec l'oxygène et avec l'hydrogène.
Iodure d'azote.

Fluor.

Son existence hypothétique. — Acide fluorhydrique. — Préparation. Sa composition déduite de l'analyse du fluorure de calcium. — Emploi de l'acide fluorhydrique gazeux ou en dissolution pour graver sur le verre. Manière de l'employer pour graver les échelles sur verre des instruments de physique.

Phosphore.

Propriétés physiques et chimiques. Divers états isomériques. Précautions à prendre dans la distillation du phosphore. — Préparation du phosphore dans les arts. — Allumettes phosphoriques ou chimiques.
Combinaisons du phosphore avec l'oxygène. — Acide phosphorique. Préparation de l'acide anhydre par la combustion directe du phosphore dans l'oxygène ou dans l'air. Préparation de l'acide hydraté par l'action de l'acide azotique sur le phosphore. — Analyse de l'acide phosphorique.
Acide phosphoreux ; circonstances dans lesquelles il se produit. Préparation par l'action du chlore, en présence de l'eau, sur le phosphore. — Acide hypophosphoreux et oxyde de phosphore ; circonstances dans lesquelles ces corps se produisent.
Récapitulation des combinaisons du phosphore avec l'oxygène. — Équivalent du phosphore.
Combinaisons du phosphore avec l'hydrogène. — Méthode générale pour faire l'analyse de ces corps.
Chlorures de phosphore. Combinaison du phosphore dans le chlore.

Arsenic.

État sous lequel on le trouve dans la nature. Préparation.
Combinaisons de l'arsenic avec l'oxygène. — Acide arsé-

nieux; sa formation dans les arts par le grillage des arsé-
niures et des arséniosulfures. — États isomériques de l'a-
cide arsénieux. — Acide arsénique. — Équivalent de
l'arsenic.

Combinaisons de l'arsenic avec l'hydrogène. — Hydrogène
arsénié.

Chlorure d'arsenic; signaler seulement son existence et
donner sa composition.

Empoisonnements par l'acide arsénieux; caractères qui les
distinguent; contrepoisons. Recherche de l'arsenic dans
les cas d'empoisonnements. — Appareil de Marsh.

Bore.

Sa préparation. Propriétés chimiques.

Acide borique. État sous lequel on le trouve dans la nature.
Propriétés chimiques de l'acide borique. — Son extraction des lagoni de la Toscane. — Difficultés qui se présentent dans la fixation de l'équivalent du bore.

Fluorure de bore.

Silicium.

Préparation et propriétés physiques.

Acide silicique. Son existence dans la nature. Préparation
de l'acide silicique gélatineux. Composition de l'acide silicique déduite de l'analyse du chlorure de silicium. —
Difficultés qui se présentent dans la fixation de l'équivalent du silicium et de la formule de l'acide silicique.

Chlorure de silicium. Fluorure de silicium et acide hydro-
fluosilicique.

Carbone.

États divers sous lesquels le carbone se trouve dans la nature, ou qu'il prend lorsqu'il résulte de la décomposition
des diverses matières organiques. Diamant; graphite
naturel ou plombagine; graphite des hauts fourneaux;
charbon de houille ou coke; charbon de bois; charbon
des matières organiques fusibles; noir animal, noir de
fumée. Pesanteurs spécifiques variables du carbone. —
Absorption des gaz et de diverses matières solubles par le
charbon poreux. Emploi du noir animal pour décolorer
les liqueurs dont la coloration est due à des matières or-

ganiques. Carbonisation intérieure des tonneaux de bois destinés à conserver l'eau.

Combinaisons du carbone avec l'oxygène. — Acide carbonique. Divers modes de formation, préparation. — Propriétés physiques du gaz acide carbonique. Liquéfaction de l'acide carbonique. Appareil de Thilorier pour préparer l'acide carbonique liquide. Emploi de l'acide carbonique liquide dans les expériences de physique qui exigent un froid considérable. — Circonstances dans lesquelles l'acide carbonique se produit dans la nature. — Solubilité de l'acide carbonique dans l'eau. Eaux gazeuses naturelles et artificielles. — Analyse de l'acide carbonique.

Oxyde de carbone; sa production dans les fourneaux à cuve. — Préparation par la réaction du charbon sur l'acide carbonique. Préparation dans les laboratoires par l'action de l'acide sulfurique concentré sur l'acide oxalique. — Propriétés physiques et chimiques du gaz oxyde de carbone. Analyse du gaz oxyde de carbone.

Acide oxalique; son existence dans les sucs acides de certains végétaux. — Préparation dans les laboratoires par l'action de l'acide azotique sur le sucre. — Analyse de l'acide oxalique. — Méthode générale d'analyse des combinaisons de carbone, d'hydrogène et d'oxygène.

Récapitulation des combinaisons du carbone avec l'oxygène. — Détermination de l'équivalent du carbone.

Quelques mots sur les combinaisons du carbone avec l'hydrogène. Application des méthodes eudiométriques à l'analyse des carbures d'hydrogène gazeux.

Sulfure de carbone ou acide sulfocarbonique; sa préparation dans les laboratoires et dans les arts. — Propriétés physiques et chimiques du sulfure de carbone; ses applications dans les laboratoires et dans les arts. — Analyse du sulfure de carbone. — Analogie chimique du sulfure de carbone avec l'acide carbonique.

Combinaison du carbone avec l'azote, cyanogène. Préparation. Propriétés physiques et chimiques. Analyse du cyanogène. — Acide cyanhydrique ou prussique. Préparation de l'acide anhydre et de l'acide en dissolution. Analyse de l'acide cyanhydrique.

Manipulations[1].

Première manipulation. — Cristallisation du sulfate de soude.— Oxygène par le peroxyde de manganèse.— Oxygène par le chlorate de potasse.— Combustion du soufre, du phosphore, du charbon et du fer dans l'oxygène.

Deuxième manipulation. — Oxygène par le peroxyde de manganèse et l'acide sulfurique. — Hydrogène par le fer et la vapeur d'eau. — Hydrogène par le zinc et l'acide sulfurique. — Détonation d'un mélange d'hydrogène et d'oxygène dans l'eudiomètre.

Chlore sec. — Combustion du phosphore et de l'antimoine dans le chlore. — Décoloration de l'encre ordinaire, de la teinture de tournesol et du vin rouge par le chlore.

Troisième manipulation. — Azote par le phosphore. — Azote par le cuivre.

Cristallisation du soufre. — Soufre mou. — Distillation du soufre brut.

Extraction de l'iode. — Iodure d'amidon. — Recherche du brome.

Quatrième manipulation. — Décomposition de l'eau par le charbon.

Calcination des os. — Décoloration de la teinture de tournesol et du vin rouge par le charbon d'os.

Analyse de l'air par le phosphore à chaud. — Analyse de l'air par l'hydrogène.

Cinquième manipulation. — Synthèse de l'eau par l'oxyde de cuivre.

Extraction de l'air de l'eau. — Son analyse.

Distillation de l'eau.

1. « Aux leçons de chimie correspondent douze manipulations qu'il est indispensable de faire exécuter par les élèves, conformément au présent programme.

« Les élèves ne doivent jamais être livrés à eux-mêmes pendant les manipulations. Celles-ci doivent toujours être précédées d'une conférence, où l'on expose, avec tous les détails nécessaires, les procédés opératoires relatifs aux manipulations que les élèves vont effectuer. En décrivant ces opérations, le professeur les exécute, en se servant des appareils mêmes dont les élèves vont faire usage. Enfin, on expose sous leurs yeux les appareils montés d'avance, qui leur indiquent toutes les dispositions qu'ils auront à observer dans l'arrangement des pièces qui les composent. » (*Instruction du 15 novembre 1854.*)

Essai des eaux par l'eau de chaux, — l'eau de savon, — le chlorure de barium, — l'azotate d'argent, — l'oxalate d'ammoniaque, — le carbonate de soude, — la teinture de campêche.

Sixième manipulation. — Décomposition du sel marin par l'acide sulfurique. — Préparation de l'acide chlorhydrique et du sulfate de soude.

Gravure sur verre par l'acide fluorhydrique. — Préparation de l'acide iodhydrique par l'iode et l'acide sulfhydrique. — Action de l'acide iodhydrique sur les sels de plomb. — Action du chlore sur l'acide iodhydrique.

Préparation du bisulfure d'hydrogène.

Septième manipulation. — Préparation du phosphure de calcium. — Préparation de l'hydrogène phosphoré.

Essai d'une dissolution d'acide arsénieux par le procédé de Marsh. — Essai d'une dissolution d'émétique par le même procédé.

Préparation du gaz des marais. — Préparation du gaz oléfiant et de la liqueur des Hollandais.

Huitième manipulation. — Préparation de l'ammoniaque en dissolution.

Décomposition de l'ammoniaque par le fer. Analyse du gaz en provenant.

Action du chlore dissous sur l'ammoniaque liquide.

Préparation du protoxyde d'azote.

Neuvième manipulation. — Préparation et étude des propriétés de l'acide azotique.

Préparation du bioxyde d'azote.

Dixième manipulation. — Préparation de l'acide sulfureux. — Préparation de l'acide sulfurique de Nordhausen.

Action de l'acide sulfureux sur le bioxyde d'azote et l'air humide.

Préparation de l'acide phosphorique.

Onzième manipulation. — Préparation et étude de l'oxyde de carbone et de l'acide carbonique.

Préparation de l'acide borique.

Coloration du borax par les oxydes métalliques.

Douzième manipulation. — Préparation des chlorures de phosphore, du chlorure de soufre, du sulfure de carbone et de l'acide fluosilicique.

(*Arrêtés des* 26 *janvier* 1853 *et* 24 *mars* 1865; *instruction du* 15 *novembre* 1854.)

ENSEIGNEMENTS DIVERS.

ENSEIGNEMENTS DIVERS.

ENSEIGNEMENT RELIGIEUX.

L'enseignement religieux est donné une fois par semaine et séparément à chacune des trois divisions d'élèves [1].

Chaque leçon est d'une heure.

Les élèves externes dont les parents le demandent sont admis aux cours de l'enseignement religieux.

L'enseignement religieux donne lieu, comme les autres enseignements, à des compositions périodiques et à des récompenses.

La répartition des divers cours d'enseignement religieux entre les ecclésiastiques attachés à chaque lycée, l'ordre des compositions, et généralement tout ce qui se rapporte à la discipline des cours d'instruction religieuse, est réglé par le proviseur de concert avec l'aumônier.

L'inspection dogmatique de l'enseignement religieux est faite au nom de l'évêque diocésain et par ses délégués, en présence du proviseur ou de tel autre représentant du ministre de l'instruction publique.

Des mesures analogues ont lieu pour les élèves appartenant aux cultes non catholiques.

(Arrêté du 24 mars 1865.)

1. « L'expression *divisions d'élèves* n'a et ne peut avoir d'autre signification que celle-ci : division des grands, division des moyens, division des petits, et c'est à chacune de ces divisions en particulier que doit s'adresser l'enseignement de MM. les aumôniers. » *(Circulaire du 7 octobre 1865.)*

ENSEIGNEMENT DU DESSIN.

L'enseignement du dessin dans les établissements publics d'enseignement secondaire est obligatoire à partir de la classe de sixième; il est continué d'année en année jusqu'à la classe de philosophie inclusivement.

Cet enseignement est donné à tous les élèves internes et externes.

Il y a un enseignement particulier pour les élèves de mathématiques élémentaires et spéciales.

Pour l'enseignement du dessin, les élèves sont partagés en trois séries.

1° La première série comprend les élèves de sixième et de cinquième;

2° La seconde série, les élèves de quatrième et de troisième;

3° La troisième série, les élèves de seconde, de rhétorique et de philosophie.

L'enseignement de la première série a pour objet le dessin linéaire, le dessin d'ornement et le dessin d'imitation, comprenant :

1° La représentation des figures simples;

2° Les éléments de l'ornementation;

3° L'imitation des parties de la figure humaine.

L'enseignement de la deuxième série a pour objet :

1° L'étude théorique et pratique des premiers éléments de la perspective, comprenant le dessin des objets dans l'espace;

2° L'étude élémentaire de la structure de l'homme et des proportions du corps humain;

3° L'étude des parties de la figure humaine d'après des modèles graphiques ou d'après la bosse.

L'enseignement de la troisième série a pour objet l'étude de la figure d'après des modèles graphiques et d'après la bosse.

Les figures et les modèles nécessaires à l'enseignement du dessin linéaire, du dessin d'ornement et du dessin d'imitation devront être approuvés par le ministre de l'instruction publique et des beaux-arts, sur l'avis du conseil supérieur des beaux-arts. Les photographies ne sont admises qu'autant qu'elles reproduisent des dessins ou des estampes.

Les professeurs de dessin sont nommés par le ministre. Ils sont choisis :

1° Parmi les anciens élèves de l'école nationale des beaux-arts de Paris, munis du diplôme ou du certificat de capacité, établis par l'arrêté en date du 8 août 1876;

2° Parmi les artistes pourvus d'un certificat de capacité délivré à la suite d'un examen spécial, dont les conditions seront ultérieurement établies.

L'enseignement du dessin dans tous les établissements publics, où cet enseignement est donné, est soumis à une inspection spéciale.

Les inspecteurs de cet ordre sont choisis par le ministre sur la présentation du conseil supérieur des beaux-arts.

(Arrêté du 2 juillet 1878.)

Voir les programmes détaillés des classes de lettres, première partie du Plan d'Études, p. 12, 33, 57, 65, 82.

ENSEIGNEMENT DE LA MUSIQUE.

L'enseignement de la musique est obligatoire, dans les lycées, pour tous les élèves des classes inférieures jusqu'à la quatrième inclusivement.

Il est facultatif pour les élèves des classes de troisième et au-dessus.

L'enseignement obligatoire comprend les matières suivantes : principes élémentaires de musique et de chant; lecture, écriture et dictée musicale sur la portée.

Le but final de cet enseignement doit être : la lecture dans tous les tons majeurs et mineurs et avec les mesures les plus usitées, et l'exécution de morceaux de chant d'une difficulté moyenne, à une ou plusieurs voix.

L'enseignement facultatif peut comprendre, outre les matières de l'enseignement obligatoire, les principes élémentaires de l'harmonie.

Une ou deux heures par semaine sont consacrées à l'enseignement musical obligatoire, pour chacune des divisions de cet enseignement. Ces leçons ne sont données ni le dimanche ni aux heures de récréation.

Les élèves sont divisés en plusieurs cours, autant qu'il est possible d'après leurs progrès en musique, et non d'après la classe à laquelle ils appartiennent.

Une leçon d'une heure au moins par semaine est consacrée à l'enseignement musical facultatif.

La musique instrumentale est enseignée individuellement aux frais des familles.

(Arrêté du 30 janvier 1865.)

ENSEIGNEMENT DE LA GYMNASTIQUE[1].

La gymnastique fait partie de l'éducation des lycées[2]; elle est l'objet d'un enseignement régulier qui est donné aux frais des établissements.

Les leçons d'équitation sont facultatives et restent à la charge des familles.

Les leçons de gymnastique, y compris les exercices militaires, sont au nombre de quatre par semaine. Elles doivent durer chacune une demi-heure au moins. Elles sont prises sur le temps d'étude.

Les programmes déterminent les exercices correspondants aux divers âges, d'après la force présumée des élèves. L'enseignement de la gymnastique est obligatoire pour tous les élèves, à l'exception de ceux que leur constitution physique, l'état de leur santé ou les exigences temporaires de certaines études spéciales pourraient empêcher d'y participer. Dans ce cas, les dispenses doivent être individuelles et très explicitement motivées. En principe, les élèves âgés de plus de seize ans sont seuls appelés à prendre part aux exercices qui rendent nécessaire le maniement du fusil.

Un vêtement spécial, très peu coûteux, est nécessaire aux élèves pour les exercices gymnastiques; cette dépense est à la charge des familles. Ce costume doit être léger, assez ample pour ne gêner aucun mouvement.

1. « L'enseignement de la gymnastique est obligatoire dans tous les établissements d'instruction publique de garçons dépendant de l'État, des départements et des communes. » *Loi du 27 janvier 1880, article 1ᵉʳ*.

2. Dans sa circulaire du 27 septembre 1872, M. le ministre s'exprime en ces termes : « Vous voudrez bien me rendre compte des dimensions du préau et de la salle consacrés à cet enseignement, et du nombre d'engins de toutes sortes, trapèzes, haltères, etc., que vous possédez. Je n'attache pas une importance exagérée à ce matériel, et je vous engage même à éviter, autant que possible, les exercices qui peuvent occasionner des accidents. Le pas gymnastique, la course, les divers mouvements du corps exécutés méthodiquement, l'emploi des haltères, suffisent pour développer la force et l'agilité des élèves. »

La veste ronde, le pantalon large, en grosse toile, dont la ceinture doit être basse et fixée immédiatement au-dessus des hanches, est le costume recommandé pour les lycées. Les bretelles, les jarretières même, peuvent être supprimées pendant les leçons, afin que les mouvements soient plus libres. Si cela est possible, il faut remplacer les souliers ferrés par des chaussures minces à semelles très souples. Les liens qui serrent le corps et les membres sont autant de résistances à surmonter et de nouvelles sources de fatigue. La ceinture dite gymnastique, large et munie d'anneaux, qui s'attache par trois ou quatre boucles, et est faiblement serrée autour du corps, de manière à ne porter opposition à aucune des contractions musculaires, a un certain degré d'utilité. Le maître peut s'en servir pour soutenir les jeunes élèves qui exécutent leurs premiers exercices d'application aux agrès du portique ; il peut même fixer une corde aux anneaux, de manière à éviter les chutes, lorsque les élèves montent aux cordes ou aux perches mobiles, etc.

Dans beaucoup de gymnases particuliers, les élèves ne sont vêtus que d'un maillot de tricot, costume à la fois chaud et léger, d'une très grande mollesse, qui n'apporte aucune entrave au jeu des articulations.

Programme de l'Enseignement de la Gymnastique dans les écoles primaires de garçons.

PREMIÈRE PARTIE

POUR LES ÉLÈVES DE NEUF ANS ET AU-DESSOUS[1].

Mouvements préliminaires.

Formation des pelotons. — Station régulière du corps. — Principes d'alignements sur la droite et sur la gauche. — Faire face à droite et à gauche. — Demi-tour à droite. — Principes du pas, modéré et accéléré. — Prendre la petite et la grande distance sur la droite, sur la gauche et sur le centre. — Serrer les intervalles.

1. Les élèves plus âgés qui n'ont jamais fait de gymnastique doivent toujours commencer par les exercices de cette Première Partie et suivre graduellement le programme.

Exercices élémentaires[1] (1re Série).

1er Exercice. — Tourner la tête à droite et à gauche ; en deux temps.

2e Exercice. — Fléchir la tête en avant et en arrière ; en deux temps.

3e Exercice. — Fléchir la tête vers la droite et vers la gauche ; en deux temps.

4e Exercice. — Mouvement vertical des bras sans flexion ; en deux temps.

5e Exercice. — Mouvement alternatif des avant-bras en portant le poing à l'épaule, les coudes restant près du corps (flexion et extension) ; en deux temps.

6e Exercice. — Mouvement simultané des avant-bras en portant les poings aux épaules, les coudes restant près du corps (flexion et extension) ; en deux temps.

7e Exercice. — Mouvement alternatif et vertical des bras (flexion et élévation) ; en quatre temps.

8e Exercice. — Mouvement simultané et vertical des bras (flexion et élévation) ; en quatre temps.

9e Exercice. — Mouvement alternatif de flexion et d'extension des articulations des pieds, la pointe fixée au sol, les mains sur les hanches ; en deux temps.

10e Exercice. — Mouvement d'extension des membres inférieurs et élévation du corps sur la pointe des pieds, les mains sur les hanches ; en deux temps.

11e Exercice. — Flexion des extrémités inférieures, les poings dirigés vers le sol, et mouvement vertical des bras (flexion et extension) ; en quatre temps.

---

1. Les exercices élémentaires, constituent presque à eux seuls le programme d'éducation physique des écoles primaires ; ils doivent être conséquemment l'objet de soins tout particuliers.

La commission de gymnastique demande que désormais les professeurs fassent exécuter 12 *fois de suite* chaque exercice élémentaire.

A défaut de chants choisis officiellement adoptés, ils devront compter longuement à haute voix et faire compter par les élèves à la fois tous les temps de l'exercice, en admettant les trois degrés de cadence déjà consacrés par l'usage :

La *cadence modérée*, de 76 mouvements par minute, pour les *flexions* ;

La *cadence accélérée*, de 115 mouvements par minute, pour les *extensions* :

La *cadence gymnastique*, de 170 mouvements par minute, pour les *courses collectives*. (*Note ministérielle de mai* 1878).

12ᵉ Exercice. — Mouvement horizontal des bras en avant; en deux temps.

13ᵉ Exercice. — Mouvement de flexion et d'extension des bras, portés alternativement en avant; en quatre temps.

14ᵉ Exercice. — Mouvement de flexion et d'extension des bras, portés simultanément en avant; en quatre temps.

15ᵉ Exercice. — Mouvement de flexion et d'extension des bras, portés alternativement en avant, en plaçant, au deuxième temps, les jambes alternativement en avant; en quatre temps.

16ᵉ Exercice. — Mouvement de flexion et d'extension des bras, portés simultanément en avant, en plaçant, au deuxième temps, les jambes alternativement en avant; en quatre temps.

17ᵉ Exercice. — Flexion des articulations des extrémités inférieures, les bras placés horizontalement; en trois temps.

18ᵉ Exercice. — Flexion des articulations des extrémités inférieures, les bras placés verticalement; en trois temps.

19ᵉ Exercice. — Flexion de la jambe sur la cuisse (cadence modérée, accélérée ou de course).

20ᵉ Exercice. — Flexion et élévation de la cuisse sur le tronc, la jambe en demi-flexion (cadence modérée, accélérée ou de course).

21ᵉ Exercice. — Mouvement simultané (exercice pyrrhique) des extrémités droites ou gauches en avant. (Afin de pouvoir exécuter ces mouvements avec grâce et sans trop de fatigue, les élèves devront être préalablement exercés à faire des mouvements de pronation, de supination du poignet, en traçant dans l'espace un huit de chiffre.)

22ᵉ Exercice. — Flexion du corps en avant, les mains portées vers le sol; en deux temps.

23ᵉ Exercice. — Flexion du corps en arrière, les bras portés en arrière et éloignés du corps; en deux temps.

24ᵉ Exercice. — Flexion latérale du corps, à droite et à gauche, les mains sur les hanches; en deux temps.

25ᵉ Exercice. — Flexion du corps en avant, sur la cuisse droite ou gauche, et mouvement vertical des bras; en quatre temps. Le même mouvement s'exécute en pivotant sur les talons (volte-face).

Exercices de la barre à sphères ou de la canne (1re Série).

1er Exercice.—Élever la barre et la porter horizontalement en avant; en quatre temps.

2e Exercice.—Élever la barre et la porter alternativement à droite et à gauche; en deux temps.

3e Exercice.—Élever la barre et la porter horizontalement à droite et à gauche; en quatre temps.

4e Exercice. — Mouvement continu de la barre autour du corps, en commençant par la droite ou par la gauche; en deux temps.

5e Exercice. — Faire passer la barre par-dessus la tête en avant et en arrière; en deux temps.

6e Exercice. — Élever la barre et la porter horizontalement en avant, avec mouvement de jambes; en quatre temps.

7e Exercice. — Flexion latérale du corps, à droite et à gauche, la barre suivant le mouvement du corps; en deux temps.

8e Exercice. — Mouvement vertical de la barre derrière le corps, en fléchissant les jarrets; en trois temps.

9e Exercice. — Flexion du corps en avant sur la cuisse droite ou gauche, et mouvement vertical du bras droit ou gauche, la main libre sur la hanche; en quatre temps.

10e Exercice. — Grand cercle en avant, sur le pied droit ou gauche; en deux temps.

11e Exercice. — Flexion du corps en avant, sur la jambe droite ou gauche, et mouvement vertical des bras; en quatre temps.

Exercices d'application[1].

Courses. — Course cadencée. — Course sinueuse. — Course en spirale. — Course dans les chaînes gymnastiques.

Sauts de pied ferme. — Saut en avant, à pieds joints. — Saut en hauteur et profondeur.

Sauts précédés d'une course. — Saut en largeur. — Saut en largeur, hauteur et profondeur.

Exercices à l'aide de machines ou instruments.

Petit mât. — Monter au petit mât à l'aide des mains et des pieds et descendre.

1: A chaque leçon, les exercices d'application doivent être précédés de mouvements élémentaires.

Plan, 2.   b 4

Corde à consoles. — Monter à la corde à consoles à l'aide des mains et des pieds et descendre.

Échelle de corde. — Monter à l'échelle de corde à l'aide des mains et des pieds et descendre.

Corde à nœuds. — Monter à la corde à nœuds à l'aide des mains et des pieds et descendre.

DEUXIÈME PARTIE

POUR LES ÉLÈVES DE NEUF A ONZE ANS.

Répétition des principaux Exercices de la 1ʳᵉ Partie, auxquels on ajoute les suivants :

Alignements à droite et à gauche, en avant et en arrière. — Marche de front directe et oblique, et les différents pas. — Marche de front au pas gymnastique, demi-tour et marche en arrière. — Marche de flanc. — Arrêter le peloton marchant par le flanc et le remettre face en tête. — Changer de direction par file. — Marche de flanc au pas gymnastique. — Principes des conversions et des changements de direction, de pied ferme, au pas accéléré et au pas gymnastique.

Exercices élémentaires par le flanc droit et gauche successivement (2ᵉ Série).

1ᵉʳ Exercice. — Flexion et extension latérale des bras, les mains partant des épaules ; en deux temps.

2ᵉ Exercice. — Mouvement d'extension des membres inférieurs sur la pointe des pieds, élévation simultanée et latérale des bras au-dessus de la tête, les doigts allongés ; en deux temps.

3ᵉ Exercice. — Flexion et extension alternative et latérale des bras ; en quatre temps.

4ᵉ Exercice. — Flexion et extension simultanée et latérale des bras ; en quatre temps.

5ᵉ Exercice. — Flexion et extension alternative et latérale des membres supérieurs et inférieurs ; en quatre temps.

6ᵉ Exercice. — Flexion et extension simultanée et latérale des membres supérieurs, et alternative des membres inférieurs ; en quatre temps.

7ᵉ Exercice. — Flexion des jambes et mouvement horizontal des bras sur les côtés ; en quatre temps.

4.

8e Exercice. — Circumduction du bras droit et du bras gauche alternativement, puis des deux bras simultanément.

9e Exercice. — Circumduction alternative des jambes, de dehors en dedans et de dedans en dehors, la pointe du pied baissée et en dehors, les mains sur les hanches.

10e Exercice. — Lancer alternativement, par un double mouvement de flexion et d'extension, les bras au-dessus de la tête, et les ramener ensuite dans l'extension sur les parties latérales du corps; en quatre temps. (Le même mouvement avec les deux bras simultanément.)

11e Exercice. — Lancer alternativement les bras en avant par un double mouvement de flexion et d'extension, les porter dans l'abduction horizontale et les laisser tomber sur les côtés du corps; en quatre temps. (Le même mouvement avec les deux bras simultanément.)

12e Exercice. — Même mouvement en portant alternativement les membres inférieurs correspondants en avant; en quatre temps.

13e Exercice. — Même mouvement simultané des membres supérieurs et alternatif des membres inférieurs en quatre temps.

Exercices de la barre à sphères ou de la canne
(2e Série).

1er Exercice. — Porter la barre au-dessus de la tête, en suivant la face antérieure du corps, et la lancer horizontalement, vers la droite et vers la gauche; en deux temps.

2e Exercice. — Mouvement vertical de la barre, en arrière, les pieds étant réunis; en deux temps.

3e Exercice. — Flexion du corps à droite et à gauche, la barre suivant son mouvement, les pieds écartés; en deux temps.

4e Exercice. — Flexion des membres inférieurs, les pieds réunis, et élévation verticale des bras; en quatre temps.

5e Exercice. — Mouvement de torsion du corps, à droite et à gauche; la barre au-dessus de la tête; en deux temps.

6e Exercice. — Flexion du corps en avant, et mouvement vertical des bras en avançant; en quatre temps. (Le même exercice en marchant en arrière.)

7ᵉ Exercice. — Demi-cercle par-dessus la tête, en marchant au pas modéré; en deux temps. (Le même exercice en marchant en arrière.)

8ᵉ Exercice. — Mouvement vertical de la barre, en marchant au pas accéléré; en quatre temps.

9ᵉ Exercice. — Mouvement horizontal de la barre, en marchant au pas accéléré; en quatre temps.

Exercices d'application.

Poignées ou anneaux (1ʳᵉ Série).

1ᵉʳ Exercice. — Saisir les anneaux, s'enlever à la force des bras, se renverser en arrière et retomber sur les pieds.

2ᵉ Exercice. — Après s'être enlevé à la force des bras et s'être renversé en arrière, revenir à la première position en se renversant en avant.

3ᵉ Exercice. — S'enlever à la force des bras, porter le menton à la hauteur des mains; dans cette position, développer les bras alternativement dans l'abduction et retomber.

4ᵉ Exercice. — S'enlever à la force des bras, placer les pieds dans les anneaux, la face antérieure du corps vers le sol, et fléchir le corps en arrière en portant le col dans l'intérieur.

5ᵉ Exercice. — S'enlever à la force des bras, le menton à la hauteur des mains; lâcher l'anneau de la main gauche, se tenir suspendu par le bras droit en flexion active; répéter cet exercice plusieurs fois, des deux bras alternativement.

Échelle orthopédique.

1ᵉʳ Exercice. — Monter en plaçant les pieds alternativement, puis simultanément, sur les échelons, et en faisant effort des jarrets, les mains étant placées au-dessus de la tête, et descendre de même.

2ᵉ Exercice. — Monter et descendre comme à l'exercice précédent; en se suspendant chaque fois par les mains, le corps au milieu de l'échelle.

3ᵉ Exercice. — Monter en supportant le corps sur les poignets, et descendre de même.

4ᵉ Exercice. — Monter et descendre en se suspendant par la main droite, la gauche retenant le corps, le bras allongé vers le sol.

5ᵉ Exercice. — Même exercice que le précédent, mais en alternant chaque fois la position des bras et des mains.

6ᵉ Exercice. — Même exercice que le deuxième, en élevant chaque fois les jambes tendues le plus possible en avant.

Corde lisse (1ʳᵉ Série).

1ᵉʳ Exercice. — Monter à la corde lisse à l'aide des mains et des pieds et descendre.

2ᵉ Exercice. — Monter à la corde lisse en plaçant un pied devant et l'autre derrière la corde.

Barres à suspension (1ʳᵉ Série).

1ᵉʳ Exercice. — Suspension par les deux mains (ou par une main).

2ᵉ Exercice. — Élever la tête au-dessus de la barre.

3ᵉ Exercice. — Suspension par le pli des bras.

4ᵉ Exercice. — Suspension par les mains et les pieds.

5ᵉ Exercice. — Suspension par le pli du bras et de la jambe.

Poutre horizontale (placée à environ 0ᵐ50 du sol).

1ᵉʳ Exercice. — Marcher debout, en avant.

2ᵉ Exercice. — Marcher debout, en arrière.

3ᵉ Exercice. — Marcher debout, de côté.

Saut en profondeur simple, en avant.

Échelles de bois (1ʳᵉ Série).

1ᵉʳ Exercice. — Monter par devant, à l'aide des mains et des pieds, et descendre de la même manière.

2ᵉ Exercice. — Monter par devant, à l'aide des mains et des pieds, et descendre par derrière de la même manière.

3ᵉ Exercice. — Passer du devant de l'échelle par derrière, et réciproquement.

Barres parallèles fixes (1ʳᵉ Série).

1ᵉʳ Exercice. — Suspension sur les mains.

2ᵉ Exercice. — Se porter en avant, ou en arrière, par un mouvement alternatif des mains.

b 4.

3° Exercice. — Se porter en avant, ou en arrière, par saccades.

4° Exercice. — Descendre le corps et le remonter par la flexion des coudes et l'extension des bras.

5° Exercice. — Balancer les jambes en avant et en arrière.

Sauts continus à pieds joints.

Perches oscillantes (1re Série).

1er Exercice. — Monter à une perche, à l'aide des mains et des pieds, et descendre.

2e Exercice. — Monter à une perche, à l'aide des mains et des pieds, et descendre de la même manière, en passant à l'autre perche, parallèlement placée.

Trapèze[1] (1re Série).

1er Exercice. — Saisir la base du trapèze et lever le corps en faisant effort des poignets.

2e Exercice. — S'établir sur la base du trapèze en s'y appuyant sur le ventre, et descendre en avant[2].

1. La commission de gymnastique, informée que les exercices du trapèze ont donné lieu à quelques accidents dans les lycées et collèges, croit devoir soumettre à M. le ministre les observations suivantes :

1° Le trapèze, en raison de sa mobilité et des différentes situations que prend l'élève en dehors de la portée du maître, est un des appareils qui nécessitent une attention toute particulière pour éviter les accidents.

2° Les exercices portés aux programmes sont très simples : aucun accident n'est possible s'ils sont convenablement surveillés.

3° On peut toutefois, en considération du degré de force que doit posséder un élève, les reporter par précaution dans la série des élèves qui ont dépassé l'âge de onze ans.

4° Il y a lieu enfin, de recommander aux maîtres les instructions qui vont suivre.

2. Accompagner l'élève de la main droite, prête à le secourir pendant tout le temps qu'il tourne autour de la base du trapèze ; faciliter l'évolution en accompagnant la tête de la main gauche, pour la diriger ; veiller à ce que l'élève ne lâche le trapèze qu'après avoir bien allongé les jambes. La pointe des pieds basse et réunie, pour terminer, en se conformant aux prescriptions du dernier temps du saut en largeur en avant.

Les élèves ont souvent la mauvaise habitude de ne pas se conformer aux principes pour achever méthodiquement l'exercice : ils se jettent, en se jouant, irrégulièrement, çà et là, à droite, à gauche, en avant ou en arrière, en se laissant tomber. C'est ainsi que des

3ᵉ Exercice. — S'établir sur la base du trapèze en s'y appuyant sur le ventre, et descendre en arrière [1].

4ᵉ Exercice. — S'établir sur la base du trapèze, s'y asseoir et descendre [2].

TROISIÈME PARTIE

POUR LES ÉLÈVES DE ONZE ANS ET AU-DESSUS [3].

Répétition des principaux exercices de la première et de la deuxième partie, auxquels on ajoute les suivants :

Composition d'un peloton. — Ouvrir les rangs. — Alignement à rangs ouverts. — Serrer les rangs. — Alignements à rangs serrés. — Marche en bataille en avant. — Arrêter le peloton et l'aligner. — Marche oblique. — Marquer le pas, marcher le pas accéléré, le pas gymnastique, le pas en arrière, et marcher par le second rang. — Marcher par le flanc. — Changer de direction par file. — Arrêter le peloton marchant par le flanc et le remettre face en tête. — Le peloton étant en marche par le flanc, le former sur la droite ou sur la gauche par file en ligne. — Le peloton étant en marche par le flanc, le former par peloton ou par section en ligne et lui faire exécuter les à droite et les à gauche en marchant.

accidents se sont produits ; le professeur devra donc prévenir les fautes en se tenant prêt à retenir l'élève au moment où il doit toucher terre ; cette règle est générale pour tous les exercices gymnastiques aux appareils ou agrès.

1. Mêmes dispositions pour soutenir l'élève pendant qu'il s'enlève au trapèze et tourne autour de la base pour s'y établir ; le maintenir, pendant qu'il accomplit son évolution en arrière, de la main droite pour la partie inférieure du corps, de la main gauche pour la tête et les épaules ; exiger qu'il termine comme à l'exercice précédent.

2. Mêmes dispositions pour soutenir l'élève quand il s'enlève et tourne autour du trapèze pour s'y appuyer sur le poignet droit ; maintenir les jambes et les reins, et redoubler d'attention quand il fait effort du poignet gauche pour s'asseoir en tournant le corps ; aider à l'équilibre en arrêtant le trapèze, veiller à ce que les deux mains suivent les deux cordes dans toute leur longueur jusqu'à l'épissure, et à ce qu'elles ne se placent au bâton du trapèze que *l'une après l'autre*. Saisir les jambes pour éviter une chute en avant, ou trop brusquement en arrière ; se conformer aux prescriptions précédentes pour le déploiement et la terminaison de l'exercice.

3. A partir de cet âge, les élèves peuvent répéter, avec des haltères du poids d'un kilogramme la paire, les exercices désignés au présent programme sous le nom d *Exercices élémentaires.*

4..

— Rompre en colonne par section ou par peloton, de pied ferme et pour continuer à marcher. — Marcher en colonne. — Changer de direction. — Arrêter la colonne. — Étant en colonne par section ou par peloton, se former à droite ou à gauche en ligne, de pied ferme et en marchant. — Rompre et former le peloton. — Contremarche. — Étant en colonne par section ou par peloton, se former sur la droite ou sur la gauche en ligne. — Formation d'un peloton de deux rangs sur un, et réciproquement. — Formation d'un peloton de deux rangs sur quatre, et réciproquement, de pied ferme et en marchant.

Exercices d'équilibre.

1er Exercice. — Se tenir sur le pied droit, la cuisse gauche fléchie sur le tronc et la jambe sur la cuisse, les mains croisées au-dessous du genou fléchi. (Même exercice sur le pied gauche.)

2e Exercice. — Se tenir sur le pied gauche, la jambe du côté opposé étant fléchie sur la cuisse en arrière, le pied soutenu par la main droite, le bras gauche placé verticalement au-dessus de la tête. (Même exercice sur le pied droit.)

3e Exercice. — Se tenir sur le pied droit, saisir le pied gauche avec la main droite, la jambe étant fléchie sur la cuisse, le bras gauche placé verticalement. (Même exercice sur le pied gauche.)

4e Exercice. — Se tenir sur le pied gauche, le bras gauche placé verticalement, fléchir la jambe droite et la saisir en dedans avec la main droite au-dessus du cou-de-pied. (Même exercice sur le pied droit.)

5e Exercice. — Equilibre alternatif sur un pied, le corps porté en avant, les bras tendus.

6e Exercice. — Équilibre alternatif sur un pied, le corps en arrière, les bras horizontalement en avant.

Exercices élémentaires en marchant (3e Série).

1er Exercice. — Lancer les bras en avant, alternativement, en avançant au pas modéré ; en deux temps.

2e Exercice. — Le même exercice, en marchant en arrière.

3e Exercice. — Lancer les bras en avant, simultanément, en marchant au pas modéré ; en deux temps.

4º Exercice. — Le même exercice, en marchant en arrière.

5º Exercice. — Lancer alternativement les bras en avant, les rapprocher du corps dans la flexion en avançant; en quatre temps.

6º Exercice. — Le même exercice, en lançant les bras simultanément.

7º Exercice. — Porter les bras alternativement en avant et les ramener dans l'extension sur les côtés du corps, en avançant la jambe du même côté; en quatre temps.

8º Exercice. — Le même exercice, en marchant en arrière.

9º Exercice. — Le même exercice simultané pour les bras et alternatif pour les jambes; en quatre temps.

10º Exercice. — Le même exercice, en reculant.

11º Exercice. — Le même exercice des extrémités supérieures, en avançant la jambe du côté opposé; en quatre temps.

12º Exercice. — Le même exercice, en reculant.

13º Exercice. — Flexion du corps en avant, en marchant, et mouvement vertical des bras (flexion et extension); en quatre temps.

14º Exercice. — Le même exercice, en reculant.

15º Exercice. — Mouvement vertical des bras, en marchant au pas accéléré (flexion et extension); en quatre temps.

16º Exercice. — Mouvement latéral des bras, en marchant au pas accéléré (flexion et extension); en quatre temps.

17º Exercice. — Porter les bras en avant, et ensuite tendus sur les côtés, au pas accéléré; en quatre temps.

Exercices à deux de la barre à sphères ou de la canne
(3º Série).

1ᵉʳ Exercice. — Demi-cercle vers la droite et vers la gauche, les bras tendus, alternativement; en deux temps.

2º Exercice. — Demi-cercle vers la droite et vers la gauche, les bras tendus, simultanément; en deux temps.

3º Exercice. — Demi-cercle vers la droite et vers la gauche, en avançant la jambe correspondante; en deux temps.

4º Exercice. — Flexion sur les membres inférieurs et demi-cercles simultanés de chaque côté; en deux temps.

5º Exercice. — Porter la barre à l'épaule et la lancer sur le côté, en avançant le pied droit ou gauche alternativement; en quatre temps.

6e Exercice. — Cercles alternatifs sur les côtés. (Le même exercice simultanément.)

7e Exercice. — Lancer alternativement les barres en avant et en arrière, le pied droit en avant; en deux temps. (Le même exercice le pied gauche en avant.)

8e Exercice. — Mouvement simultané des barres en avant et en arrière; en deux temps.

9e Exercice. — Doubles cercles mixtes sur un côté, les numéros impairs, pied droit en avant, les numéros pairs, pied gauche en avant; en deux temps. (Même exercice en sens inverse.)

10e Exercice. — Doubles cercles mixtes du côté opposé, les numéros impairs, pied gauche en avant, les numéros pairs, pied droit en avant; en deux temps. (Même mouvement en sens inverse.)

11e Exercice. — Doubles cercles alternatifs et continus avec les deux barres, le pied gauche en avant; en deux temps. (Même exercice en sens inverse).

12e Exercice. — Doubles cercles simultanés des deux côtés, le pied gauche en avant; en deux temps. (Même exercice en sens inverse.)

13e Exercice. — Mouvement continu au-dessus de la tête des barres croisées; en deux temps. (Même mouvement en sens inverse.)

14e Exercice. — Mouvement vertical des bras, les barres étant horizontales et le corps faisant demi-tour; en deux temps.

Exercices d'application.

Barres parallèles fixes (2e Série).

1er Exercice. — Suspension par les mains et les pieds.

2e Exercice. — Porter les jambes en avant sur la barre droite, ensuite sur la barre gauche.

3e Exercice. — Se lancer à terre, en avant, vers la droite ou vers la gauche, en franchissant l'une des barres.

4e Exercice. — Se lancer à terre, en arrière, vers la droite ou vers la gauche, en franchissant l'une des barres.

5e Exercice. — Franchir les barres en trois temps, en s'élançant en avant, à droite ou à gauche.

6e Exercice. — Franchir les barres en quatre temps, en s'élançant en arrière, à droite ou à gauche.

7e Exercice. — Franchir les barres en deux temps, en appuyant les mains sur les deux barres.

8e Exercice. — Franchir les barres en deux temps, en appuyant les mains sur la deuxième barre.

Barres à suspension (2e Série).

1er Exercice. — Progression latérale vers la droite (ou vers la gauche).

2e Exercice. — Progression par le flanc droit (ou gauche).

3e Exercice. — Progression par brasses.

4e Exercice. — S'établir sur la barre et s'y placer à cheval.

5e Exercice. — S'établir au-dessus de la barre par un renversement du corps, et s'y placer en équilibre sur les poignets.

6e Exercice. — S'établir sur la barre par un effort des avant-bras.

7e Exercice. — S'établir sur la barre par un effort des poignets.

Échelles de bois (2e Série). Monter et descendre par-dessous.

1er Exercice. — Monter à l'aide des mains et des pieds, et descendre de la même manière.

2e Exercice. — Monter aux échelons à l'aide des mains seulement, placées l'une après l'autre sur le même échelon, et descendre de la même manière.

3e Exercice. — Monter aux échelons en plaçant les mains l'une après l'autre sur un échelon différent, et descendre de la même manière.

4e Exercice. — Monter en saisissant un échelon d'une main et un montant de l'autre, et descendre de même.

5e Exercice. — Monter par un seul montant, et descendre de même.

6e Exercice. — Monter par les deux montants, et descendre de même.

7e Exercice. — Monter par les deux montants, par saccades, et descendre de même.

Marche sur un plan incliné.

Cordes lisses verticales (2e Série).

1er Exercice. — Monter à une corde lisse, à l'aide des mains seulement, et descendre.

2e Exercice. — Monter, à l'aide des mains seulement, à deux cordes lisses parallèlement placées, et descendre.

Perches oscillantes (2e Série).

1er Exercice. — Monter à une perche, à l'aide des mains seulement, et descendre.

2e Exercice. — Monter, à l'aide des mains seulement, à deux perches parallèlement placées, et descendre.

3e Exercice. — Monter, par saccades, à deux perches parallèlement placées, et descendre.

Poignées ou anneaux (2e Série).

1er Exercice. — S'enlever à la force des bras, faire passer la jambe droite par-dessus la main droite, quitter l'anneau de cette main, le ressaisir après avoir laissé tomber la jambe, et exécuter le même exercice avec les extrémités gauches.

2e Exercice. — Se rétablir sur les poignets alternativement, et descendre par un renversement en avant.

3e Exercice. — Le même exercice sur les poignets simultanément.

4e Exercice. — Saisir les anneaux, se renverser en arrière, se tenir horizontalement la face vers le sol, laisser tomber les jambes et revenir à la première position par un renversement en avant.

5e Exercice. — Saisir les anneaux, se renverser en avant, en imprimant aux épaules un mouvement de rotation; se placer horizontalement le dos vers le sol et reprendre la première position.

Trapèze (2e Série).

1er Exercice. — S'établir sur la base du trapèze, s'y asseoir, et descendre par saccades[1].

2e Exercice. — Monter par les cordes du trapèze, et descendre[2].

1. Mêmes dispositions qu'au 4e exercice de la 1re série (page 79), pour maintenir l'élève quand il s'enlève au trapèze, s'appuie sur le ventre et sur le poignet droit pour faire effort de la main gauche, mais redoubler d'attention pour être prêt à le secourir au moment où il passe les jambes par-dessus la base; veiller à son équilibre quand il quitte les cordes *des deux mains à la fois* pour saisir le bâton du trapèze, et se conformer aux prescriptions du 4e exercice de la 1re série, quand il s'assied et termine.

2. Cet exercice est un des plus dangereux quand l'élève est hors de la portée du maître: aussi celui-ci doit-il s'assurer préalablement que la force de l'élève est suffisante pour qu'il soit autorisé à s'y livrer.

Le professeur doit apporter la plus grande attention à ce que l'élève monte aux cordes du trapèze (jamais par saccades) *assez*

3e Exercice. — S'établir sur la base du trapèze et se tenir dessus, puis au-dessous, dans une position horizontale [1].

Exercice de la natation à sec au moyen d'un chevalet.

Exercices facultatifs.

Course de vitesse. — Tir à l'arc. — Lancer la barre.

Programme de l'Enseignement de la Gymnastique dans les lycées et les collèges [2].

PREMIÈRE PARTIE

POUR LES ÉLÈVES DE DOUZE ANS ET AU-DESSOUS [3].

Cette Première Partie comprend tous les Exercices composant le Programme des écoles primaires de garçons (p. 70).

DEUXIÈME PARTIE

POUR LES ÉLÈVES DE DOUZE À QUINZE ANS [4].

Exécution de tous les exercices indiqués pour les écoles primaires, auxquels on ajoute les suivants :

haut pour que, après avoir culbuté en arrière, ses pieds arrivent juste sur le bâton, qu'il doit lui présenter en maintenant le trapèze. Sa surveillance doit augmenter au moment où l'élève quitte les deux cordes pour les placer dans la saignée des deux bras en passant les mains du dedans au dehors ; il y a là tout un danger à prévenir, l'élève n'étant plus en équilibre que par les pieds. Enfin, le professeur doit veiller à ce que, *pour culbuter en avant*, l'élève saisisse bien les deux cordes, les paumes des mains *en avant*, à hauteur des hanches : trop bas, son front irait inévitablement frapper le bâton du trapèze. Se conformer aux prescriptions des exercices précédents pour terminer l'exercice (pages 78, note 2, et 84, note 1).

1. Cet exercice présente moins de danger que le précédent : toute son importance est dans la force et la résistance considérables que doit avoir l'élève pour maintenir son corps horizontalement en avant et en arrière (faire la planche) ; il s'accomplit à portée du professeur, qui évitera tout accident en soutenant l'élève, plus ou moins, selon son manque de force, et en *ne prolongeant jamais* la durée de la position horizontale, qui fait affluer tout le sang vers la tête.

2. «La commission centrale vient de rédiger un *manuel**, qui sera mis entre les mains de tous les instituteurs.... Ce traité est destiné aux écoles primaires et aux *classes inférieures des lycées et collèges.» Circulaire du 20 mai 1880.*

3. Chaque leçon doit être précédée d'exercices élémentaires. Les élèves peuvent se servir de haltères du poids d'un kilogramme la paire, à partir de l'âge de onze ans.

4. Ces élèves peuvent se servir de haltères du poids d'un à trois kilogrammes la paire.

Ce manuel se trouve à la librairie Delalain. Prix, cart. 60 c.

Vindas.

1er Exercice. — Courir vers la droite, en tenant l'extrémité de la corde dans la main gauche, la main droite au-dessus de la gauche, les bras raccourcis.

2e Exercice. — Courir vers la gauche, en tenant l'extrémité de la corde dans la main droite, la main gauche au-dessus de la droite, les bras raccourcis.

3e Exercice. — Courir vers la droite, en tenant l'extrémité de la corde avec la main droite, le bras allongé.

4e Exercice. — Courir vers la gauche, en tenant l'extrémité de la corde avec la main gauche, le bras allongé.

Sauts du tremplin.

Poutre horizontale (placée à un mètre vingt centimètres au-dessus du sol) (1re Série).

1er Exercice. — Passer à cheval, en avant.

2e Exercice. — Passer à cheval, en arrière.

3e Exercice. — S'asseoir sur la poutre et se mouvoir de côté.

4e Exercice. — S'enlever sur les poignets, face à la poutre, et se mouvoir de côté.

Différentes manières de descendre de la poutre.

1er Exercice. — Étant à cheval, passer la jambe droite par-dessus la poutre et descendre.

2e Exercice. — Étant assis, sauter en avant.

3e Exercice. — Étant debout, sauter en avant.

TROISIÈME PARTIE

POUR LES ÉLÈVES DE QUINZE ANS ET AU-DESSUS [1].

Exécution de tous les exercices indiqués à la Deuxième Partie, auxquels on ajoute les suivants :

Lutte générale de traction.

Saut en arrière, en prenant un point d'appui avec les mains.

Sauts à la perche.

Saut en largeur. — Saut en hauteur et profondeur. — Saut en largeur, hauteur et profondeur.

1. Les élèves peuvent se servir de haltères de quatre kilogrammes la paire.

Échelle de bois horizontale.

1er Exercice. — Se diriger à droite en posant alternativement les mains sur chaque échelon, et revenir à gauche de la même manière.

2e Exercice. — Se porter en avant, en posant alternativement les mains sur chaque échelon, et revenir de la même manière.

3e Exercice. — Se diriger à droite et à gauche en portant les mains alternativement sur le même montant.

4e Exercice. — Se porter en avant sur l'échelle en plaçant les mains alternativement sur les montants.

5e Exercice. — Se porter en arrière, en plaçant les mains alternativement sur les montants.

6e Exercice. — Se porter vers la droite et vers la gauche par brasses.

Cordes lisses verticales.

1er Exercice. — Monter à deux cordes lisses, à l'aide des mains seulement, et descendre.

2e Exercice. — Relever la corde pour s'y donner un point d'appui, soit sous la cuisse, soit sous le pied.

Poutre horizontale (2e Série).

1er Exercice. — Étant à cheval, se mouvoir sur les mains, en avant et en arrière.

2e Exercice. — Faire face en arrière, étant debout sur la poutre.

3e Exercice. — Marcher debout, s'arrêter, se placer à cheval et se remettre debout.

Planche à rétablissements.

1er Exercice. — Monter au moyen d'un rétablissement sur les avant-bras.

2e Exercice. — Monter par un renversement.

3e Exercice. — Monter en se rétablissant alternativement sur les poignets.

4e Exercice. — Monter sur la plate-forme au moyen d'une jambe et des avant-bras.

5e Exercice. — Monter par un renversement, au moyen de la barre de fer.

Différentes manières de descendre.

1er Exercice. — Descendre sur les avant-bras.

2e Exercice. — Descendre par un renversement en avant au moyen de la barre de fer.

3e Exercice. — Descendre par un renversement en avant au moyen de la plate-forme.

4e Exercice. — Descendre en se renversant en arrière et en se retenant par les mains sur le bord de la plate-forme.

Maniement des armes.

Les exercices relatifs au maniement des armes seront déterminés d'après la théorie en usage dans l'armée.

Exercices facultatifs.

Courses de vitesse. — Tir à l'arc. — Lancer la barre. — Équitation. — Escrime. — Jeux gymnastiques.

(*Décret du 3 février* 1869.)

ENSEIGNEMENT DE L'HYGIÈNE.

I. De l'hygiène, son but, ses moyens.

Des agents atmosphériques au point de vue de leur influence sur la santé (air, lumière, chaleur, électricité, sécheresse, humidité, vents).

Altérations principales de l'air (climats, endémies, épidémies).

II. Des habitations (sol, exposition, ventilation, chauffage, éclairage, propreté).

Causes d'insalubrité.

Vêtements : Modifications selon les âges, les saisons, les climats, le temps.

Soins du corps; cosmétiques; bains de propreté en général.

III. Aliments : Nature et qualité des divers aliments, leur appropriation aux âges, aux tempéraments, aux professions, aux climats. Conditions d'une bonne digestion.

Conserves alimentaires. Altérations et falsifications des aliments. Régime alimentaire.

IV. Boissons. Eaux potables et leurs caractères, leurs altérations, moyens de les prévenir et de les corriger; conservation des eaux potables.

1. « A la Gymnastique se rattachent toutes les questions d'Hygiène, tout ce qui a rapport au développement du corps et à la santé. Très peu de personnes en France ont des notions justes à cet égard. J'ai pensé que cinq ou six leçons, placées à la fin des études, suffiraient pour faire comprendre à nos élèves que la santé et la force dépendent en grande partie de la nourriture, du vêtement, de l'habitation et du règlement de vie. Cinq ou six leçons ne font guère que cinq ou six heures, et des leçons sur l'hygiène ne demanderont aucun effort d'esprit; nous pouvons donc les rendre obligatoires sans entraver la préparation des examens. Les élèves de Philosophie et de Mathématiques spéciales seront astreints à suivre les leçons. » (*Circulaire du 6 mai 1872.*)

Boissons fermentées : Vin, cidre, bière, spiritueux, liqueurs, café et thé.

V. Hygiène des sens : Veille et sommeil ; travaux intellectuels et manuels.

VI. Exercice et repos; gymnastique. Exercices spéciaux : natation, équitation, escrime, danse.

(Arrêté du 6 mai 1872.)